JN001260

｜赤城南麓の覇者が眠る大室古墳群｜

上毛新聞社

目　次

1　大室古墳群の周辺

1. 群馬の古墳

大室古墳群

　赤城山は群馬県のほぼ中央に位置し、かつては標高2500m級のコニーデ式火山（富士山型）であった。繰り返す噴火によって上半部は吹き飛ばされてしまったため、今では中央のカルデラの周囲を1200〜1800mの峰々が取り囲んでおり、その外側に「上毛かるた」に謳われる長く緩やかな裾野（図1）が形成される。

　赤城山南麓の標高130mの台地上に、今から1500年前の6世紀、3基の大型

図1　南上空からみた赤城山と大室古墳群（前橋市教育委員会）

前方後円墳が次々と築造された。6世紀初頭に前二子古墳（墳丘長94m）、やや遅れて中二子古墳（墳丘長111m）、6世紀中葉から後半にかけて後二子古墳（墳丘長85m）と3基の大型前方後円墳が連続して造られた。6世紀後半には小二子古墳（墳丘長38m）が造られ、周囲には中小の古墳が10数基存在し、大室古墳群と呼ばれる。メインは3基の大型前方後円墳であり、これに小二子古墳を含めた4基の古墳が、国指定史跡となっている（図2）。100mを超す大型前方後円墳が全国的には極めて少なくなる6世紀にあって、なお、造られ続けたこれらの大型前方後円墳の背景には、何があったのだろうか。

　また、前二子古墳の主の居館と推定される梅木遺跡が東500mの場所に存在し、南東1kmには多田山丘陵があり、前二子古墳の主の亡骸を安置して埋葬に備えた「殯の丘」に推定されている。一方、南西1.5kmに赤城山体を神として祀った巨石祭祀（磐座）の跡を残す西大室丸山遺跡が存在する。このように大室古墳群の一帯は、古墳造りと巨石祭祀を執行するセンター的な役割を担っ

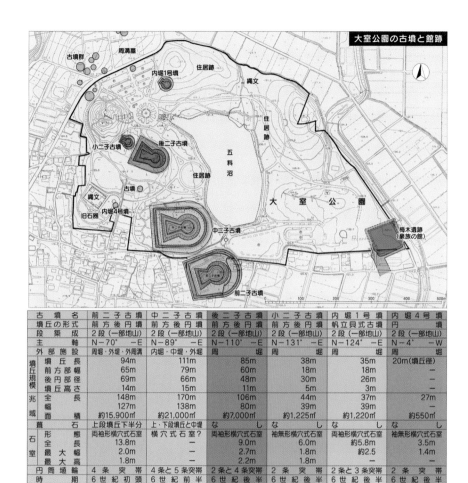

古墳名	前二子古墳	中二子古墳	後二子古墳	小二子古墳	内堀1号墳	内堀4号墳
墳丘の形式	前方後円墳	前方後円墳	前方後円墳	前方後円墳	帆立貝式古墳	円墳
段築成	2段(一部地山)	2段(一部地山)	2段(一部地山)	2段(一部地山)	2段(一部地山)	2段(一部地山)
主軸	N-70°-E	N-89°-E	N-110°-E	N-131°-E	N-124°-E	N-4°-W
外部施設	周堀・外堤・外周溝	内堀・中堤・外堀	周堀	周堀	周堀	周堀
墳丘規模 墳丘長	94m	111m	85m	38m	35m	20m(墳丘径)
墳丘規模 前方部幅	65m	79m	60m	18m	18m	—
墳丘規模 後円部径	69m	66m	48m	30m	26m	—
墳丘規模 墳丘高さ	14m	15m	11m	5m	3m	—
兆域 全長	148m	170m	106m	44m	37m	27m
兆域 全幅	127m	138m	80m	39m	39m	—
兆域 面積	約15,900㎡	約21,000㎡	約7,000㎡	約1,225㎡	約1,220㎡	約550㎡
葺石	上段墳丘下半分	上・下段墳丘と中堤	なし	なし	なし	なし
石室 形態	両袖形横穴式石室	横穴式石室?	両袖形横穴式石室	袖無形横穴式石室	両袖形横穴式石室	袖無形横穴式石室
石室 全長	13.8m	—	9.0m	6.0m	約5.8m	3.5m
石室 最大幅	2.0m	—	2.7m	1.8m	約2.5	1.4m
石室 最大高	1.8m	—	2.2m	1.8m	—	—
円筒埴輪	4条突帯	4条と5条突帯	2条と4条突帯	2条突帯	2条と3条突帯	2条突帯
時期	6世紀初頭	6世紀前半	6世紀後半	6世紀後半	6世紀後半	6世紀後半

図2　大室公園の古墳と館跡

ていた地域であり、赤城山南麓の政治的中枢でもあった。

　東1kmの多田山丘陵の頂上の見晴らしには家形埴輪8棟を出土した赤堀茶臼山古墳（墳丘長62m）があり、古くから著名である。赤城山南麓には古墳時代後期の古墳群が多数存在しており、大室古墳群の大豪族を中心とする地域社会が形成されていたのである（図3）。

　大室古墳群を築いた大豪族が、赤城山南麓のこの地を選定した理由は、沖積地での水田経営が主な目的ではなかった。大きな背景となってそびえ立つ赤城山の枯渇しない森林資源も目的であったが、実は流れ山の内部から潤沢に産出する安山岩の巨礫にあったのである。古墳構築にはたくさんの巨石が必要となる。それを賄える十分な石材を包含する流れ山を掌中に収め、その中心地に

^{おくつき}
奥津城を形成したのである。

大室古墳群を取り囲む流れ山

今から 15 万年前に赤城山に大きな「岩屑なだれ」が発生し、山体崩壊が起こった。この山体崩壊に伴うなだれは「梨木岩屑なだれ」と呼ばれ、地震、蒸気爆発や火山帯の急激な変形などによって火山体の一部が崩壊し、裾野を高速で流れ下った低温の火砕流であった。こうした岩屑なだれの流下が止まって堆積した部分に、流れ山と呼ばれる小さな丘や台地が形成された。

赤城山南麓には、41 個の流れ山と 12 カ所の流れ山台地が存在する（図 4）。大部分の流れ山は、標高 180 m ～ 70 m、南北約 8km の間で、神沢川中流部から波志江沼－華蔵寺の線と粕川－鏑木川に囲まれた範囲に分布している。その北半部の標高 180 m ～ 100 mの間、ちょうど上毛電鉄と国道 50 号の間に集中的な分布をみせる。流れ山の規模であるが、高さが 10 ～ 40m、長径が 50 ～ 300 mの規模が大半である。

この流れ山の特徴として、流れる過程で巨石は浮力が働き、浮かび上がってくるもので、大きい石ほど上部に止まっているもの

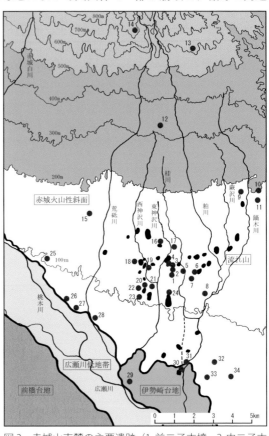

図 3　赤城山南麓の主要遺跡（1. 前二子古墳　2. 中二子古墳　3. 後二子古墳　4. 小二子古墳　5. 梅木遺跡　6. 赤堀茶臼山古墳　7. 多田山古墳群 69 号竪穴　8. 今井学校遺跡　9. 山上愛宕塚古墳　10. 中塚古墳　11. 山内出古墳　12. 白山古墳　13. 宇通遺跡　14. 櫃石　15. 堀越古墳　16. 七ツ石雷電神社　17. 三ヶ尻西遺跡　18. 産泰神社　19. 伊勢山古墳　20. 西大室丸山遺跡　21. 荒砥富士山古墳　22. 舞台 1 号墳　23. 荒砥荒子遺跡　24. 石山観音　25. 正円寺古墳　26. 小島田八日市古墳　27. 筑井八日市遺跡　28. 今井神社古墳　29. お富士山古墳　30. 華蔵寺裏山古墳　31. 五目牛二子山古墳　32. 丸塚山古墳　33. 恵下古墳　34. 原之城遺跡）

である。山頂部に集積する巨礫が集積する流れ山は、七ツ石雷電神社、伊勢崎市西野町、産泰神社、石山観音、五目牛の堂山がある。

流れ山の巨石や奇岩を磐座として、赤城山を信仰の対象としてあがめ祀った対象が巨石祭祀跡である。流れ山は古墳石材を調達するだけではなく、巨石には神が宿るものとして信仰の対象にもなったのである。

発掘調査が実施された西大室丸山遺跡では流れ山の頂上にある巨石の下から1000点を超える土器類と1万点以上の石製模造品が出土している。

また、赤城山にある櫃石も巨石祭祀跡であり、いずれも赤城山を意識した磐座祭祀といえる。

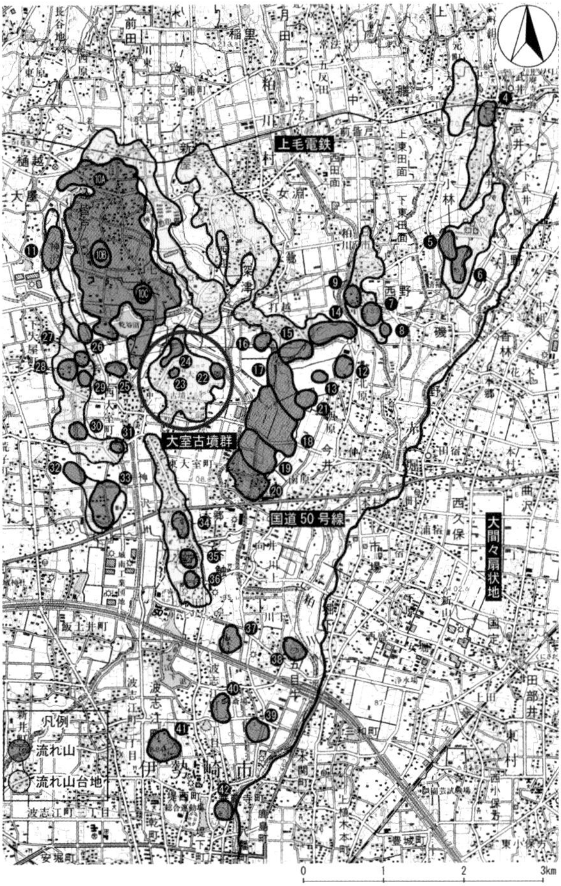

図4　赤城山南麓の流れ山（5〜6. 峯岸山、10b. 丸山、10c. 七ツ石雷電神社、12. 轟山、13. 毒島城、17〜20. 多田山、22〜24. 大室公園、28. 産泰神社、34. 石山観音、38. 堂山、39. 地蔵山、41. 権現山）

巨岩がそびえる産泰神社や石山観音、七ツ石の雷電神社も赤城山体を神として信仰の対象となった。

次々と造られる大型前方後円墳

群馬県では、1935年（昭和10）に古墳分布調査が一斉に開始され、その成果は『上毛古墳綜覧』という大冊として刊行された。このときの調査によって8423基の古墳が数え上げられた。2012年（平成24）にこの上毛古墳綜覧の改訂大事業が5年間にわたって実施された。平成の調査によって群馬県にはかつて13249基の古墳が存在したことが判明し、名実ともに古墳王国となった。こ

のように群馬県は、古墳の数もさることながら、東日本の中でも最も数多くの大型前方後円墳が造られた地域である。

群馬の古墳時代

　群馬県内で最初に本格的な前方後円墳が造られたのは、150 基以上の古墳が存在していた朝倉・広瀬古墳群である。しかし、朝倉・広瀬古墳群は団地造成によってほとんど消滅してしまった。この古墳群には、全国最大の規模を誇る前方後方墳である前橋八幡山古墳（墳丘長 130 m）が 4 世紀初頭に造られる。続く 4 世紀前半にヤマト王権の王の墓である

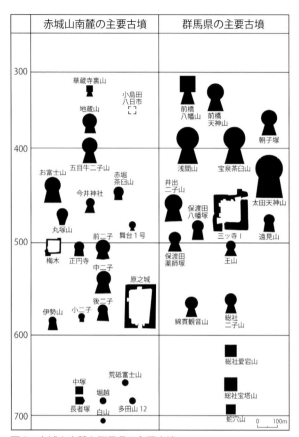

図 5　赤城山南麓と群馬県の主要古墳

前方後円墳の前橋天神山古墳（墳丘長 129 m）が造られる。前橋天神山古墳の埋葬施設は 8.8 m と長大な粘土槨である。粘土槨の中には卑弥呼の鏡とされる三角縁神獣鏡が 2 面のほか、合わせて 5 面の青銅鏡をはじめとし、白銅製の鏃や鉄製の鏃、大刀、直刀、剣、斧、やりがんな、鑿、刀子など、そして碧玉製の紡錘車などが出土した。この内容は当時の大豪族の超一級の副葬品にふさわしいものである。

　この後、4 世紀後半から群馬県内には 150 m を超す大型前方後円墳が次々と出現する（図 5）。まず、県西部の高崎市浅間山古墳（墳丘長 171 m）が、東部の太田市に宝泉茶臼山古墳（墳丘長 168 m）が現れ、さらに 5 世紀初頭になると藤岡市白石稲荷山古墳（墳丘長 140 m）が造られる。5 世紀前半には東日本最大である墳丘長 210 m の前方後円墳である太田天神山古墳が出現する。また、この古墳には 3 m を超える長大な長持形石棺が使われていた。

このように群馬県内では、4世紀前半から大型前方後円墳が造られ始め、5世紀にはその大きなピークを迎え、6世紀初頭には東日本の中でいち早く新しい埋葬方法である横穴式石室を取り入れる。さらに6世紀後半に至って、近畿地方などでは大型古墳が造られなくなる頃にも、大型古墳が一向に減少しないという大きな特色がある。数の上だけからすれば近畿地方よりも多い。

　中でも、雄大な赤城山を望むことができる風光明媚な赤城山南麓の中央部は大室古墳群をはじめとして有数な古墳が存在し、東国経営の拠点の一つとして重要な地域であったと思われる。

2. 赤城山南麓の古墳

流れ山と古墳地帯

　赤城山の中心部は、大室古墳群が造られた前橋市東部の城南地区である。ここから見た赤城山は鍋割山、荒山、地蔵岳、長七郎山の4つの山並みが観音様の寝姿に似ているといわれている。この地区は、赤城山に源流を持つ2つの河川、荒砥川と粕川が南流する。特にこの地帯は荒砥北部土地改良事業や南部土地改良事業、上武国道や国道50号拡幅工事によって100カ所近い遺跡の発掘調査が実施されていることから、県内でも古墳研究のメッカといえる。

　また、『上毛古墳綜覧』に掲載された古墳数は勢多郡荒砥村（前橋市）365基、佐波郡赤堀村（伊勢崎市）333基、ほぼ700基を数える。365基や333基の数は、あえて1年の日数、3揃えの数字としたことが容易に想像できる。

図6　南上空からみた小島田八日市古墳全景（前橋市教育委員会）

新たな前期古墳の発見－小島田八日市古墳－

　国道50号を前橋市街地から水戸方面に向かって走っていくと小島田町の信号から上り坂となり赤城山南麓地帯に入る。右手は、かつて利根川が流れていた一段低い沖積地で、広瀬川低地帯と呼ばれている。先ほど紹介した前橋天神山古墳は対岸の台地である前橋台地に位置する。前橋台地には古墳時代前期の古墳が数多く造られるが、赤城山南麓の前期古墳は未発見であった。これまでに華蔵寺裏山古墳（推定墳丘長50ｍ）や地蔵山古墳が指摘されているが判然としない。

　しかし、2019年（令和元）5月、小島田町の発掘調査での結果、前期古墳が発見された（図6）。従来、6世紀後半の古墳と考えられていたものであったが調査に入って間もなく、わずかに残っていた墳丘から青銅鏡やガラス玉の副葬品が発見された。この古墳は小島田八日市古墳と名付けられ、調査では、3つの大きな発見があった。その①浅間山の噴火で降下した浅間Ｃ軽石（3世紀末）の上に築造されていた。このことで古墳は3世紀末からそんなに年月が経っていない時期に造られたことが判明した。②墳丘の造成方法が関東工法ではなく関西工法であった。関東工法は中央から土を積み上げるが、関西工法は墳丘の外側に土手を築いてから土を積むといった手法で、北関東自動車道路の太田強戸PAの事前調査で発見された向山1号墳でも用いられていた。これによって、古墳築造には関西すなわち中央の古墳築造技術をいち早く取り入れた県内でも有数の墓であることが判明した。③木棺と推定される棺から青銅鏡とガラス小玉、剣、槍、槍鉋（やりがんな）が出土した。青銅鏡は重圏文鏡（じゅうけんもんきょう）であり、文様が鮮明に残る優品である（図7）。古墳の形状と規模は不明であるが、20～30m級の墳丘を持つ古墳であったと思われる。鏡が発見された棺は一次埋葬の棺ではなく、追葬された棺であった。おそらく古墳の中央深くに一次埋葬の棺が存在したに違いない。

図7　小島田八日市古墳出土の重圏文鏡（前橋市教育委員会）

まぼろしの五目牛二子山古墳

　このほか、華蔵寺裏山古墳の北東の地蔵山丘陵には、五目牛二子山古墳（ごめうし）が存在していた。この五目牛二子山古墳は『上毛古墳綜覧』の記載によれば、120

m級の前方後円墳であったという。地割に残された墳丘形状は県内の5世紀前半期の古墳と共通する。

お富士山古墳と長持形石棺

　お富士山古墳は、赤城山南麓の最南端ともいえる標高69mのオートレース場の近くに位置する。5世紀前半に造られた全長125mの前方後円墳であり、墳丘は3段に積み上げられ、河原石を並べた葺石で覆われる。段の周りには円筒埴輪や朝顔形埴輪が立てられる。滑石製刀子や斧の模造品なども出土している。長持形石棺が後円部にあり、江戸時代に伊勢崎藩の関重嶷が書いた『発墳暦』や『伊勢崎風土記』に記録されるなど、地元では古くから知られていた。

　長持形石棺は底石、側石、小口石で箱形を造り、かまぼこ形や山形の蓋石と組み合わせて六枚で構成され、その形が衣服を入れた長持ちに似ていることから、その名が付けられた。（図8）

　お富士山古墳の長持形石棺は、蓋石こそなくなっているが、側石や小口、底石に組み合わせるための溝や段が彫られ、側石や底石の短辺には棒状の縄掛け突起が造り出され、小口石の外面には、小さな方形の突出も見られる優品である。その大きさは、全長2.9m、幅1.2m、高さ1.2m、重さ6.8tを計る。その特徴から5世紀代の製作と考えられる。

　長持形石棺の多くは近畿のヤマト王権を代表する大王の古墳に用いられていた。関東地方ではお富士山古墳と太田市天神山古墳のほか、千葉県内に2例知られているだけである。このため、奈良県櫛山古墳で定型化され、日本最大の前方後円墳である大山古墳（仁徳天皇陵古墳）の前方部からも出土が知られ、「王者の棺」と呼ばれるゆえんである。近畿地方中心に分布し、類例を含めると九州から東北地方まで約50例を数える。白石太一郎氏は、この石棺はヤマト

図8　お富士山古墳の長持形石棺（伊勢崎市教育委員会）

王権から工人が派遣され製作したものと考え、群馬はヤマト王権の王に服属するのではなく、同盟者としての関係を維持していたことを想定した。

今井神社古墳

　お富士山古墳の長持形石棺の影響を受けたとされるのが前方後円墳の今井神社古墳（墳丘長71m）である。主体部に使われていたという加工された安山岩の板石3枚が境内に積まれた状態で保存されている。このうち2枚には四隅に抉り込みが施された石材であることから、長持形石棺の系譜を引く組合式石棺の部材であろうと考えられている。

前方部の詰まった形状の赤堀茶臼山古墳

　今まで見てきたお富士山古墳や今井神社古墳の前方後円墳は前方部が延びる整美な形状であるが、大室公園の東方1kmにある赤堀茶臼山古墳の前方後円墳は前方部が詰まった形状である（図9）。

　調査は古く、1929年（昭和4）に帝室博物館（現東京国立博物館）の後藤守一氏に

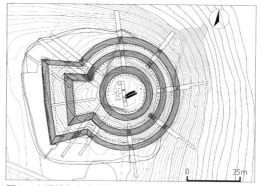

図9　赤堀茶臼山古墳墳丘図

よって発掘調査が行われた。この調査では多彩で貴重な遺物が出土しているが、筆頭に挙げられるのが8棟の家形埴輪である。鰹木を揚げた家、網代で棟を飾る切妻造家2棟、切妻の倉庫3棟、四注（寄棟）の倉庫1棟、納屋1棟である。このほか、囲形、短甲形、草摺形（くさずりがた）、蓋形、腰掛形、高杯形、鶏形、朝顔形、円筒の各種埴輪が出土した。群馬県内のこの時期にこれほどの家形埴輪と形象埴輪が出土した古墳は珍しい。近畿地方の埴輪と見間違うほど精巧に造られている。

　そして、興味深いことに赤堀茶臼山古墳から南へ3kmの伊勢崎市堀下町にある釜ノ口遺跡で、埴輪工房が見つかった。この工房の中から家形埴輪が出土した（図10）。この埴輪は、赤堀茶臼山古墳で出土の四注の倉庫とそっくりで同じ作者の可能性が高い。さらに古墳から出土した鶏形埴輪と工房に残されていた羽が接合した。赤堀茶臼山古墳の埴輪もヤマト王権の埴輪生産に関わっていた中央の工人が製作した可能性も高い。

帆立貝形古墳、丸山塚古墳と舞台1号墳

5世紀中葉から後半にかけて県内では帆立貝形古墳が主流を占めた。主体部は礫槨・組合せ式石棺・箱式石棺などの竪穴式埋葬施設である。帆立貝形古墳は太田天神山古墳に隣接する女体山古墳（墳丘長91m）が、5世紀中葉とされる。丸塚山古墳（墳丘長81m）や舞台1号墳（墳丘長42m）の規模や立地する基盤を考慮すると小地域圏を形成していた豪族層の墳墓と捉えることができよう。

舞台1号墳

前二子古墳から南西2kmにある。多量の石

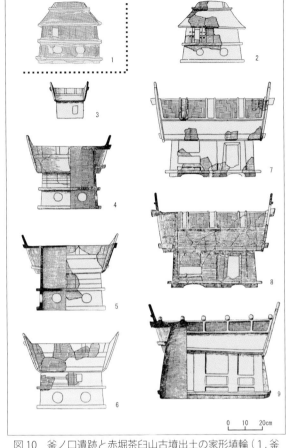

図10　釜ノ口遺跡と赤堀茶臼山古墳出土の家形埴輪（1.釜ノ口遺跡、2〜9.赤堀茶臼山古墳・後藤1933を改変）

製模造品を出土した西大室丸山遺跡は古墳の南東500mと至近の距離にある。墳丘長42mの帆立貝形古墳で、長さ8mの造出があり、周堀が馬蹄形状に巡っている。

埋葬施設は削平されていたため詳細は分からないが、竪穴系の埋葬施設であろう。造出平坦面から、墓前祭祀跡と考えられる遺構、遺物が見つかった。平坦面の円丘部近くより、壺形土器、甕形土器、高杯形土器、杯形土器といった土師器が出土した。このうち、供物を高杯内部に作りつけて表現した供献用高杯が13個以上出土している。高杯に盛られたものは、魚、木の実などと推定される。この供献高杯群のすぐ南に総数304点の石製模造品の埋納施設がある。おそらく、長方形の木製の容器に納めたものと考えられる。

これに類似した資料が兵庫県加古川市にある前方後円墳の行者塚古墳（墳丘長 99m）から見つかっている。くびれ部西側の造り出しから円筒埴輪と朝顔形埴輪で四角に囲まれた空間に 5 棟の家形埴輪とともに魚や鳥、アケビ状、ヒシの実、切り身状食物の土製品が高杯に盛り付けられた状態で出土している。おそらくこのような場面が展開されていたものといえる。

恵下古墳

　最後に丸塚山古墳の南方 400m に位置する恵下古墳という径 27m ほどの円墳が存在していた。横穴式石室が導入されてからの竪穴式石室系の埋葬施設を持つ。出土品は極めて豊富であり、唐草文四神四獣鏡をはじめ墳丘規模から想像できないほどの副葬品が発見されている。東方 1km にある県内最大規模を有する居館跡の原之城遺跡との関連が注目される。

2　前二子古墳　─ 大室古墳群の開祖 ─

　6 世紀、赤城山麓の標高 130m の台地上に 3 基の大型前方後円墳が次々と築造された。古墳は南から、前二子古墳、中二子古墳、後二子古墳と呼ばれる大室古墳群である。一番南の前二子古墳は、墳丘長 94m の大きさで 6 世紀初頭

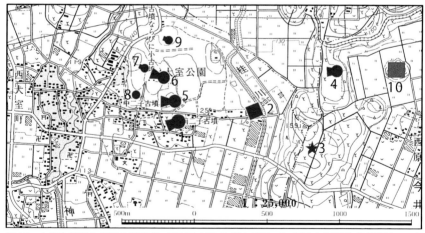

図11　大室古墳群と多田山丘陵（1. 前二子古墳、2. 梅木遺跡、3. 多田山古墳群 69 号竪穴、4. 赤堀茶臼山古墳、5. 中二子古墳、6. 後二子古墳、7. 小二子古墳、8. 内堀 4 号墳、9. 内堀 1 号墳、10. 毒島城址）

に造られた。真ん中の中二子古墳は、二重の周堀を持つ墳丘長111ｍと大室古墳群で最大の規模を誇り、前二子古墳よりやや遅れて6世紀の前半に造られた古墳である。後二子古墳は、6世紀の中葉から後半にかけて造られ、墳丘長85ｍとやや小振りになる。

　大室古墳群の端緒となった前二子古墳を考える場合に梅木遺跡と多田山古墳群69号竪穴遺構についても併せて検討していかなくてはならない（図11）。

　梅木遺跡はほぼ正方形に堀が巡る。堀の一辺が約85ｍあり、面積は7200㎡を測る。堀底には6世紀初頭に榛名山から噴出した火山灰が堆積していることから、5世紀後半～6世紀初頭の使用期間が考えられる。このことから、前二子古墳に葬られた人物との関係が考えられる。居館の全貌は東側に流れる桂川による氾濫で主要な部分は流出しているため、詳細は不明であるが、前二子古墳に相対する西側に突出部があり、複数の柱穴が検出されたことから、門跡の可能性が高いことが判明した。

　前二子古墳のすぐ東方にある伊勢崎市多田山古墳群の調査で発掘された69号竪穴は4ｍ弱の周囲に柱穴を有する長方形の特殊な遺構である。5世紀末から6世紀初頭の土器類、鉤状鉄製品、盾隅金具などの遺物とともに棺床粘土の存在や使用期間が短期間であり、焼失を受けている点など深澤敦仁氏は前二子古墳の被葬者と関連がうかがえる「喪屋」の可能性を導き出している。

1.石室調査 －1878年（明治11）の発掘調査－

陵墓探索

　前二子古墳開口当時（1878年）に初代県令楫取素彦に提出された「室内出品書上簿」の一節によれば、村人がキツネやムジナを追いかけて穴を掘ったところ偶然石室に当たり、その内部から多くの遺品が発見されたと書かれている。しかし、実際は1875年（明治8）に豊城入彦命の陵墓に認定された前橋市総社二子山古墳が、1876年に指定解除されたことに連動している。当時の群馬県は、新たに豊城入彦命の陵墓の候補を探すため、半ば公的な発掘調査を前二子古墳と中二子古墳、後二子古墳で実施したことが、外池昇氏によって指摘されている。

　これらの石室探査の裏には明治政府の陵墓決定に向けての全国調査があった。この陵墓の全国調査は、1871年（明治4）2月に太政官布告として全国に通知され、1874年、教部省に上毛野君・下毛野君の始祖とされる豊城入彦命

の陵墓として総社二子山古墳を申請した。翌年には教部省から豊城入彦命の墓として治定、管理者が置かれることとなったが、1876年（明治9）、地元のトラブルによって自然解消のやむなきに至った。群馬県は大きな打撃を受けたが、総社二子山古墳に代わってすぐに豊城入彦命の墓として注目を集めたのが前二子古墳であった。

前二子古墳の石室開口

　群馬県は再度、豊城入彦命の墓の治定を受けるため、前二子古墳の石室調査を組織的・計画的に実行した。これらの経緯については、1878年4月14日、地元西大室村の井上真弓が石上神宮大宮司菅政友に宛てた書簡に詳しく書かれている。1930年に京都で発行された『古制徴証』を見ると、前二子古墳の発掘に関しては入念な記録が残されている。古墳の平面図、石室内の遺品配置図、出土品略図があり、寸法や注書きを施している。特に『前二子古墳の室内並出品位置之図、出土品』は入念に描かれている。考古学史上においてもこの時代に詳細な発掘調査記録図面はほとんど存在していない。現代の学問水準からいっても、当時の絵図の精度は極めて高く、副葬品配置を知る上で、欠かせない資料となっている（図12）。

失敗に終わった陵墓認定

　このように前二子古墳調査の根底には、群馬県が政府からの陵墓治定を切望しており、県の命令で西大室村が動いた結果と受けとれよう。しかし、県が中心となり、入念な計画のもとに実行されたにもかかわらず、政府に提出した報告には、偶然の発見として処理されている。そこには古墳の乱掘を戒める政府の意向、治定されなかった場合の県の体面を守る姿勢が見え隠れしている。

　ちなみに、この調査結果は1878年3月に古墳が開けられてから1カ月後の4月に群馬県令楫取素彦から宮内卿宛に「管内古陵墓之儀ニツキ」として提出された。その内容は、前二子古墳を豊城入彦命墓、中二子古墳を彦狭嶋王墓、後二子古墳を御諸別王墓として上申した。しかし、これに対して宮内省は11月に官員を派遣し調査したが、豊城入彦命の墓に治定されずに終わった。

5000人を超える人々の見学

　陵墓指定はされなかったものの、出土品の展覧が行われ、当時、一大センセーションを巻き起こした。日本全国から5179人もの人々が出土品の見学に訪れている（図13）。1878年当時の発掘の記録が残される根岸孝一家文書の中の『古

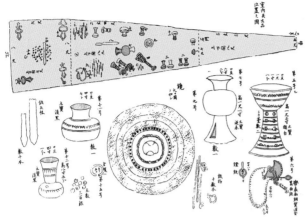

（明治11年4月～12年6月）			
県　内		県　外	
前　橋	160	埼玉県	319
高　崎	16	栃木県	162
群馬郡	262	茨城県	5
勢多郡	1,836	千葉県	2
片岡郡	0	神奈川県	7
那波郡	282	東京府	17
碓氷郡	32	山梨県	2
甘楽郡	40	長野県	14
多胡郡	14	新潟県	13
緑埜郡	1	福島県	2
佐位郡	1,081	石川県	3
利根郡	41	滋賀県	1
吾妻郡	13		
山田郡	355	小　計	548
新田郡	272	合　計	5,179名
邑楽郡	47		
不　明	179		
小　計	4,631名		

図13　前二子古墳古器物見学者一覧

図12　『古制徴証』に描かれた前二子古墳石室と遺物

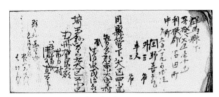

図14　『古墳神器拝礼人名誌』

ANCIENT SEPULCHRAL MOUNDS IN KAUDZUKE

By Ernest Satow.

[Read April 13, 1880.]

A great impulse has lately been given to the study of archæology in this country by the important discoveries of Prof. Ed. Morse in the shell-heaps at Ohomori[1] and elsewhere, by the publication of Mr. Von Siebold's "Notes on Japanese Archæology," full of interesting facts and valuable illustrations, and still more recently by the researches of Mr. John Milne in Yezo, which have formed the subject of a paper already presented by him to this Society.[2] Fresh helps to the study of this subject may be daily looked for, and every additional scrap of information is worth collecting. It is with this conviction that I venture to offer to the society a few notes on some prehistoric burial-mounds in the province of Kandzuke which were opened about two years back, as well as on the ancient pottery and other articles discovered in them at one or two neighbouring places.

Whoever has travelled in the province of Yamato cannot fail to have visited some of the remarkable circular tumuli, often surrounded by moats, under which lie the remains of the early sovereigns of this country. In Kandzuke, also, there are numerous circular burial-mounds, and in the course of an hour's ramble in the neighbourhood of the village of Ohomuro on the occasion of a recent visit, I counted at least six undoubted ones, three of which have been already opened, besides as many more of similar shape that will probably turn out on examination to be of the same character. None of those that had been opened,

[1] See "Memoirs of the Science Dept., University of Tokio, 1879, vol. i, pt. i.
[2] Transactions, vol. viii., pt. l.

図16　アーネスト・サトウ著「上野地方の古墳群」『日本アジア協会紀要』第8巻第3号 1880

図15　英国外交官アーネスト・サトウ（1843～1929）

図17　サトウに同行した絵師・加藤竹斎によって描かれた小像付筒形器台

図18　サトウによってスケッチされた前橋市下人屋町産泰神社の人物埴輪

墳神器拝礼人名誌』には、同年4月から翌年6月までに前二子古墳の石室から発掘された古器物の見学した人々の日付、住所、氏名、年齢が記録されている（図14）。当時、公共交通も未発達であったが遠く石川県、滋賀県、愛知県などからも見学に訪れている。

英国外交官アーネスト・サトウの調査
　日本の近代考古学は幕末以降明治初期に、「殖産興業」などを目的として、欧米の先進技術や学問、制度を輸入するために雇用された欧米人によって開始された。そういった外国人の中、イギリス政府から派遣され外交官という立場にあったアーネスト・サトウ（Sir Ernest Mason Satow）も天皇制や日本史に興味を抱いていた（図15）。
　このサトウが大室を訪れるのは、発掘から2年経った1880年（明治13）3月の初めである。その様子は、サトウの著した『日本旅行日記』の中に詳しく記述されている。多忙な公使館の用務の合間を縫って、3月8日には前二子古墳を訪れ、出土品のスケッチや測定して1日過ごした。サトウは大室を調査してから1カ月後の4月13日に日本アジア協会で調査した内容の講演を行った。そのときの講演内容は日本アジア協会会報 vol. Ⅷ part. Ⅲ に「上野地方の古墳群」（Ancient Sepulchral Mounds in Kaudzuke）として収録された（図16）。

2. 史跡整備に伴う調査 －1992・2002年（平成4・14）の発掘調査－

　前二子古墳は、大室古墳群中で最古の古墳であり、6世紀の初めに造られた。墳丘が上下2段の盛土によって造られた前方後円墳であり、墳丘に沿って周堀と外周溝といった二重堀と中堤によって区画されていることも新たに判明した。古墳の形は、中二子古墳や後二子古墳のような前方部先端が大きく延びるような形状とは異なり、前方部があまり開かない、ややずんぐりとした形である。堀を含めた古墳の大きさは、長さ148m、幅127m、面積は15900㎡、主軸はやや南に傾く東西である。墳丘は全長94m、前方部の幅が65m、後円部の径69m、高さ14mである（図19）。
　墳丘の造成に当たっては、下段墳丘の地山を一部削り出し、その上にわずかながら盛土が盛られる。また、上段墳丘は盛土で造成した後に葺石が葺かれていた。古墳を取り囲む8m幅の周堀は、馬蹄形であった。外堀に当たる部分は、幅約3mと狭いものであった。周堀と外周溝に囲まれた幅5mと広い中堤が存在する。

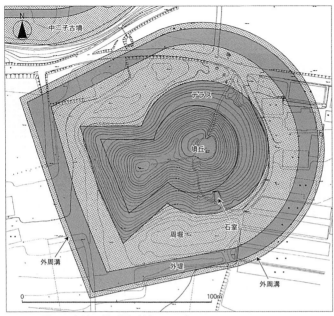

図 19　前二子古墳の墳丘図（前原 2009）

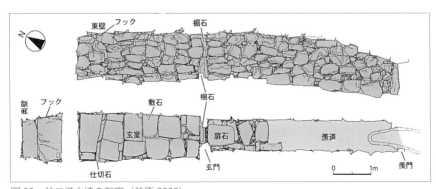

図 20　前二子古墳の石室（前原 2009）

形象埴輪と大型の円筒埴輪

　形象埴輪の設置場所は第一に外堤上から人物埴輪片が見つかった。さらに基壇面から人物や石見型埴輪、墳頂部から転落した状態で蓋や大刀、家形埴輪などが出土している。円筒埴輪の設置場所は外堤には内外に2列、テラス、墳頂部であり、総延長が670mにもなった。ここに径50cmの埴輪を並べるには、およそ1340本の円筒埴輪が必要とされた。円筒埴輪にはしっかりした高い突帯を巡らし、ほかの古墳に比べ大型の良質な埴輪で構成されていた。円筒埴輪の製作技術にも古い技法であるハケメ調整を横方向に使う埴輪も一部認められたため、6世紀初めの特徴を表している。

黄泉の国に通じる横穴式石室

　前二子古墳の石室の開口位置は、一見、唐突な位置に開いているように感じる。石室の入口は、綿貫観音山古墳などでは基壇面に開口するのが一般的であるが、前二子古墳の場合は下段の墳丘部に開口している。前二子古墳の石室の設置は地形を利用し、大規模な造成は行っておらず、わずかに地山をならして固めた程度である。反対に、後述する後二子古墳は地面を深く掘って半地下式に造られている。石室の前面には地面を平らにした祭壇状の遺構がみつかった。幅70cm、長さ9.5mのテラス状で、祭壇には4本の柱が3m間隔で立てられたものと想定される。柱穴のサイズが直径40〜60cm、深さ50〜80cmであることから、やや大きめの柱が立てられ、それぞれ赤や黄色の旗が葬儀をより一層あでやかなものにしたものと想像される。

初期横穴式石室

　群馬県内では、6世紀の初頭に竪穴式石室から横穴式石室の埋葬法に変わり、前二子古墳の石室も群馬県を代表する初期の横穴式石室である。現在の石室は、羨道入口から傾斜をもって上がっているが、地震に伴って下がったものと思われ、本来は羨道の奥や玄室と同様に水平に設置されていたものと思われる。全長14mと長く狭い両袖型横穴式石室は初期の横穴式石室の特色である（図20）。

凝灰岩製の白い板石

　床面には、全国的にも例のない凝灰岩を鑿で加工した板石が玄室と羨道に敷かれていた（図21）。羨道の板石は10枚しか残っていなかったものの、発掘調査で石室前面とテラス面に持ち出されていたものがあったため、羨道にも、

図 21　前二子古墳の石室（奥から入口を望む・前橋市教育委員会）

全面的に敷かれていた可能性が強い。板石はほぼ水平に設置され、玄室内には、L 字状切組を用いた仕切り石が存在する。このように前二子古墳の石室は、入口の両側に羨門、羨道と玄室を分ける玄門という 2 つの門石、さらに玄室を閉鎖する扉石、床全面の板石など備えた特殊な石室である。

　現在のところ、板石や扉石などといったものは 6 世紀前半の関東地方の古墳ではあまり類例を探すことができない。かろうじて、扉石については、栃木県宇都宮市権現山古墳や同市瓦塚古墳で確認されている。

　1878 年（明治 11 ）に石室が開口され、その時に精巧に絵図に描かれたものは以下の通りである。珠文鏡 1、鉄鉾、鉄鏃多数、鉄製轡（f 字形鏡板）1、鉄製輪鐙 1、鉄製鉸具、留金具、鎖など若干、金銅製剣菱形杏葉 4、金銅製双葉

剣菱形杏葉4（図22）、ガラス小玉約300、金製耳環1、須恵器小像付筒形器台1、同高杯形器台2、同提瓶2、同直口壺1、同高杯3、同𤭯1、土師器台付壺1、同高杯4、同杯1（図23）であった。

　1992年（平成4）の調査で石室の土砂について水洗いをした結果、197個の装身具（ガラス製青色丸玉、水晶製丸玉、ガラス製黄色小玉、ガラス製緑色小玉、大加耶系の金製耳環、銀製空玉、管玉、臼玉）（図24,25）をはじめ金属製品（武器、馬具、農工具）、土器（須恵器、土師器）などの多量な遺物を収集することができた。これらの副葬品は比較的原位置に近い状態で分布していた。さらに石室整備に伴う2002年（平成14）の調査で鞍縁金具片や雲母片も検出されている。

図22　馬具（剣菱形杏葉と双葉剣菱形杏葉・前橋市教育委員会）

図23　土師器（高杯と台付壺）と須恵器（前橋市教育委員会）

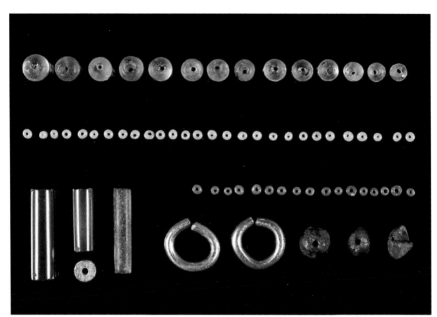

図24　装身具（上．水晶玉、下．黄色ガラス小玉、緑色ガラス小玉、管玉、臼玉、金製耳環、銀製空玉・前橋市教育委員会）

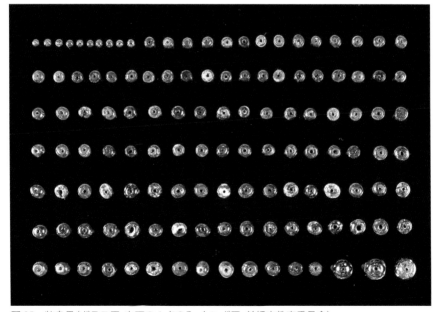

図25　装身具（ガラス玉、右下の1点のみ、トンボ玉・前橋市教育委員会）

3. 朝鮮半島につながる副葬品

（1）石見型埴輪

　前二子古墳からは近畿地方を中心として分布する石見型埴輪が2個体復元されている。この石見型埴輪は、現在では威杖形埴輪や杖形埴輪とも呼ばれるが、奈良県の石見遺跡から最初に発見されたもので、末永雅雄氏により盾形埴輪と認識された。1985年（昭和60）に楠元哲夫氏によって通常の盾形埴輪と区別して、「石見型」の名称が付けられた。その後、和田一之輔氏により研究が深められ、杖形埴輪と理解されるようになった。

　前二子古墳の調査では北側の調査区で5カ所、西側2カ所、南側1カ所の計8カ所から出土している。石見型埴輪は円筒埴輪列の外側に設置されたものと考えられ、テラス面を一周して

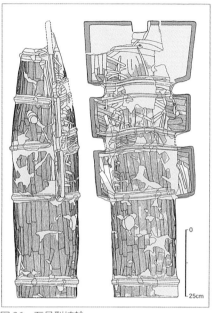

図26　石見型埴輪

いたと考えられる。復元された石見型埴輪のうち3段構成のものは前方部北側からで、4段構成が後円部北側から出土している。この2つの石見型埴輪は5世紀末の大阪府軽里4号墳の石見型埴輪とその構成がよく似ている点が指摘されている。ただし、軽里例に比較して前二子例

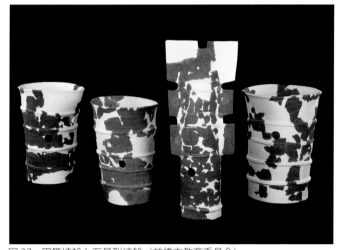

図27　円筒埴輪と石見型埴輪（前橋市教育委員会）

はかなりの簡略化が認められる。

　3段構成型は円筒部の両側に方形の飾り板を付けた全高102cmの大型品である（図26・27）。方形の飾り板は上から22cm、15cm、19cmとなり、上辺の幅は42cmに復元されている。形象部前面には赤彩による縁取り、楕円形の白彩が4カ所入る。小穿孔は3カ所に認められる。4段構成型は、全高106cmに復元されている。各段の境に突帯を貼り、なで付けることによって粘土板を使用したような外観に仕上げている。小穿孔は各段3個、12孔を開けていたと思われる。

　石見型埴輪については、和田一之輔氏によれば5世紀後半から6世紀後半まで存在し、近畿地方を中心に、西は瀬戸内海北岸である岡山県まで、東は静岡県、までであるが、ぽつんと群馬県に分布し、その総数は100個体を超えるという。また、石見型製品は埴輪のほかに石見型木製品と石見形石製品が存在する。特に石見型石製品は九州地方に限られ、有明海沿岸だけに認められる。さらに石見型木製品は、朝鮮半島の月桂洞1号墳からも出土している。

　ここで注目すべきは、関西において墳丘長が100mを超す大型古墳には石見型埴輪がほとんど存在しないことである。また関西以外でも大型古墳から出土しておらず、墳長60m以下の中小の前方後円墳に多い。特に石見型埴輪の定型期とされる6世紀前半には大王や盟主的な首長墓には樹立されることが少ない。新たに台頭してきたとされる中小首長層に採用された埴輪であった。石見型埴輪は中心地帯である畿内地域のほかとして瀬戸内海北岸に分布が集中し、埴輪と同様な形を持つ石見型石製品は有明海沿岸域に限って認められる。瀬戸内北岸や有明海沿岸の地域は5世紀後半から6世紀前半にかけて対朝鮮半島交渉において重要な役割を果たしたことが多くの研究者から指摘されている。和田氏によれば、石見型埴輪は朝鮮半島交渉に関わっていた中小首長層の相互のつながりを示す器物の一つとして捉えることができるとされる。

　ところで前二子古墳は100mに近い大型墳である。関西から離れた関東の古墳といえ石見型埴輪を樹立する古墳としては群を抜いた大きさである。なぜ、ここで大型墳に石見型埴輪が存在するか、九州で墳丘長135mを誇り石見型石製品を有する岩戸山古墳と比較してみたい。岩戸山古墳は後にヤマト王権に反旗を翻すが（磐井の乱）、6世紀前半の古墳としては今城塚古墳（181m）、断夫山古墳（150m）、七輿山古墳（145m）に次ぐ大きさの北部九州の盟主的な首長墓である。おそらく九州や関東といった畿内から離れた遠隔地の大型古墳の豪族は朝鮮半島での対外交渉の中心的な任務に当たったことが十分に考えられる。そうなれば、朝鮮半島交渉の紐帯ともいうべき石見型埴輪をそれぞれ

の地域に積極的に持ち帰り導入する理由があるのかもしれない。

　群馬県の石見型埴輪は数年来、前二子古墳だけの存在であったが、近年になってその類例が増加している。西毛の安中琴平山古墳（こんぴらやまこふん）、富岡一ノ宮4号墳は6世紀前半で前二子古墳と同時期であり、東毛の太田市西長岡東山3号古墳はやや遅れて6世紀中葉の事例である。

（2）須恵器小像付筒形器台

　小像付筒形器台は、1935年（昭和10）12月18日に「四神付飾土器」（ししんつきかざりどき）として重要美術品の指定を受けたものである。白色から灰色を帯びるやや焼きのあまい須恵器であり、藤野一之氏（2006）によって群馬県藤岡産と同定されている。小像付筒形器台は、口径19.7cm、復元高65.0cm、底径33.5cmである。

　小像は、円錐形の基部と筒形の円柱部の付け根に当たる段に4カ所付けられていたが、1組は剥落して残っていない。残された像は、時計回りで①鳥、②亀、③不明、④蛇と蛙の組み合わせである（図28）。鳥は長さ4.4cm、亀は長さ2.7cm、蛇は長さ2.7cm、蛙は長さ1.2cmである。これらはかつて、鳥を朱雀、亀を玄武、蛇と蛙を青龍、欠落した像を白虎と推定されたものであるが、配置が四神の方位と異なることや青龍が「蛇と蛙」の意匠

図28　小像付筒形器台（上）と付けられた小像（下）
　　　四神飾付土器と呼ばれたこともあった。しかし、段に付いているのは亀、鳥、蛙を追う蛇の3個（種）で、本来4つあったうち1つはすでに剥落。

である点から異なるものである。

　この筒形器台については朝鮮半島南部の加耶地域の陶質土器にその祖型を求めることができる。特に筒形器台は 5 世紀から 6 世紀にかけて金官加耶、阿羅加耶、大加耶、小加耶などの加耶諸国を中心として古墳の副葬品として盛んに制作され、新羅や百済においても制作された。しかし、小像の付いた筒形器台は加耶地域でも数例を数えるだけと極めて少ない。

①福泉道洞 31・32 号墳

　釜山にある福泉洞 31・32 号墳から出土した口径 19.2cm、高さ 46.9cm、底径 30.5cm の陶質土器である。装飾付筒形器台で 5 世紀後半のもので、前二子例と同様に円柱部と円錐部の段に馬、猪、犬が 3 カ所に付けられている。

②福泉洞 11 号墳

　このほかに福泉洞 11 号墳出土の筒形器台の筒部には 1 匹の亀の小像が付けられる。日本国内での筒形器台は池野正男氏（2014）によれば 179 点が数えられている。このうち古墳から出土したものが 82 点、遺跡出土が 97 点である。この中で飾りが付いた筒形器台は前二子例を含め 3 例と少ない。

③羽根戸古墳

　伊勢神宮徴古館に収蔵される福岡市羽根戸古墳の筒形器台である。5 世紀後半の硬い焼きの須恵器で高さ 57cm を測る。小像は段部に犬 2、鹿 1、猪 1、人 1 が付けられ、筒部に亀 5 匹が螺旋状によじ上っている。ほかに勾玉 11 個や円形貼付など多彩な装飾が付けられる。

④金崎古墳

　ほかに島根県松江市金崎古墳の高さ 54.2cm の筒形器台があるが、器受部に勾玉が付けられるだけである。一方、朝鮮半島では小像が付いた土器が三国時代、新羅の都のあった慶

図 29　韓国、鶏林路 30 号墳の装飾付長頸壺（奈良国立博物館 2004）

州市を中心に多数発見されている。

⑤鶏林路 30 号墳

特に著名なものが韓国の国宝 195 号に指定されている鶏林路（けいりんじ）30 号墳から出土した長頸壺である。鶏林路 30 号墳は 5 ～ 6 世紀とされ、高さ 34cm、口径 21.8cm の長頸壺である。頸部と肩部に蛇に後足を咥えられた（くわ）蛙 3 匹、鴨 3 匹を交互に一定間隔で配置し、その間には性器が強調された男性、鳥、亀、加耶琴を奏でる人物、性交姿勢の男女、魚類などを配置している。実用品ではなく埋葬に使用された土器と考えられている（図 29）。

⑥韓国慶州月城路 11-1 号石榔墓

同じく 5 世紀から 6 世紀とされる韓国慶州月城路 11-1 号石榔墓に代表される高杯か長頸壺の蓋である。高さ 11.5cm、口径 20.0cm である。蓋の頂部には円点文が等間隔に、下半には鋸歯文が背紋されている。台脚倒置形のつまみを中心に蛙の後足を咥える（くわ）蛇を同心円状に付ける（図 30）。

新羅土偶の装飾された動物土偶の中には蛇や蛙と蛇を一緒に表現したものが多く、蛇神信仰をうかがえる。前二子古墳の筒形器台に見られる小像は、福岡市羽根戸古墳例などと共通して朝鮮半島の系譜を引いて製作されたものと考えられる。特に土器に付ける小像は、三国時代である 5 ～ 6 世紀の新羅や加耶地域の一部に限定された分布が見られることから、三国時代の新羅にその系譜が求められるものである。

図 30　韓国、月城路 11-1 号墓の装飾付蓋（奈良国立博物館 2004）

このように前二子古墳の筒形器台の出自は、器形が加耶土器、動物土偶が新羅土器の影響を受けたものであることは明白である。地元藤岡で生産されたものとされるため、県内に在住の朝鮮半島の出身者か陶質土器に詳しい工人が製作に当たったものと考えられる。加耶地域でも数少ない小像が付いた筒形器台を発注すること自体、朝鮮半島の情報に詳しくなければ、成し得なかったと思われる。

（3）双葉剣菱形杏葉

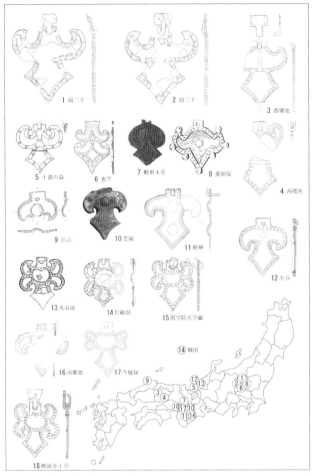

図31　双葉剣菱形杏葉と分布

1878年（明治11）、石室が開口されたときには馬具類は双葉剣菱形杏葉4枚のほか、剣菱形杏葉4枚、f字形鏡板付轡1組が存在していたことを図12から知ることができる。

また、鞍の縁金具の存在から前輪や後輪の鞍の存在も想定できる。出土品の大部分が地元の大室神社宝物殿に保管されており、遺物整理作業を行ったが復元できたものは剣菱形杏葉2枚、双葉剣菱形杏葉2枚に過ぎなかった。おそらく鉄地金銅貼馬具は遺存状態が良好であったため金メッキ部分が持ち出され散逸したといえる。f字形鏡板付轡も1組存在していたが細かな破片となってしまい復元できなかった。復元された双葉剣菱形杏葉は長さ17.3cm、幅17.85cmである。

　双葉剣菱形杏葉の巻き方は、以下の通りに分類される。

①上　巻…前二子古墳（1・2）、岡山県西郷免古墳（3・4）、福井県十善の森古墳（5）、群馬県恵下古墳（6）、群馬県薬師塚古墳（8）

②下　巻…鳥取県仏山古墳（9）、奈良県芝塚2号墳（10）、奈良県野上古墳（11）、福井県大谷古墳（12）、奈良県南郷池古墳（16）

③**上下巻**　福井県丸塚山古墳 (13)、韓国松鶴洞 1A-1 号墳（14）、國學院大學
　　　蔵（15）大阪府梶原 D-1 号墳（18）
④**その他**　大阪府軽里 4 号墳（7）、大阪府今城塚古墳（17）

　このように双葉剣菱形杏葉は、福井 3 例、奈良 4 例、群馬 3 例、大阪 2 例、
岡山 1 例、鳥取 1 例、韓国 1 例と、その分布には福井や群馬、近畿地方に分布
が多く偏在性が認められる。
　時期的にみれば福井県十善の森古墳が 5 世紀後半とされ最も古く、残りは 6
世紀初頭から前半で収まる。福井県の 3 例はそれぞれ上、下、上下の 3 種類で
あり、若狭地方の上中古墳群に所属するものである。入江文敏氏（2008）によ
れば、これらの古墳は若狭を代表する 3 世代連続する首長墓であり、双葉剣菱
形杏葉という飾りを付けるのが系譜的意味合いであったようである。群馬の 3
基の古墳も系譜的なつながりは求められないが、地域を代表する首長墓である。
双葉剣菱形杏葉については加耶の古墳である韓国松鶴洞 1A-1 号墳からも出土
している。
　恵下古墳や福井県十善の森古墳の馬具の一部が舶載品との考えも提出されて
いるが、内山敏行氏（2017）によれば、恵下古墳や軽里 4 号墳や今城塚古墳な
どの変形双葉剣菱形杏葉は大加耶から輸入した杏葉のデザインをヒントにして
近畿地方の王権が双葉剣菱形杏葉を造り始めているという。それが肯定されれ
ば続く時代の杏葉も同じようにヤマト王権、この時代は継体王の権力下で製作
した杏葉が各地の豪族に分け与え配分されたものと考えられる。
　なお、双葉剣菱形杏葉の用途については、坂靖氏によれば「野神古墳と芝塚
2 号墳では、通有の剣菱形杏葉に加え、双葉文の剣菱形杏葉が 1 点ずつ出土し
ている。これらは、その組み合わせから、胸繋に取り付けたものと考えられる」
と触れている。馬の胸繋を飾る杏葉や馬鐸を釣り下げる金具が、横に長い事例
が西郷免古墳、梶原 D-1 号墳にあるので、双葉剣菱形杏葉を馬の胸繋に取り付
けたという考え方である。前二子古墳の双葉剣菱形杏葉の金具も横に長い事例
であるため胸繋とされる。以上のように前二子古墳の被葬者は胸繋を付けた豪
華な格式高い馬装であったといえる。奇しくも石見型埴輪で関係を有する軽里
4 号墳や石室形態が類似する韓国松鶴洞 1A-1 号墳でもつながりを有する。

(4) 鉤状鉄製品
　石室の調査では、「鉤状鉄製品」と呼ばれる玄室内に掛けた布帛を留める鉄
製品が明治時代の調査で 13 点ほど出土している。いずれも欠損しているが、

最大長 21.6cm、幅 0.85cm であり、さらに石の間に差し込む部分があったため長くなるものと思われる。先端の形状は丸く曲げられる（図 32）。

1992（平成 4）年の発掘調査で、玄室の西壁の奥、東壁と奥壁の交点から 2 点、2009 年の調査で、西壁から 3 点、東壁から 1 点が追加された。これで前二子古墳の鉤状鉄製品は、19 点となった。玄室内に掛けた布帛を留める機能が想定されているこの鉤状鉄製品は右島 2001 によれば、鉤状鉄製品を出土した古墳は 9 基、鉤状鉄製品以外の転用品は 20 基である。まず、鉤状鉄製品を出土した韓国と日本の古墳は、前二子古墳の鉤状鉄製品 19 点をはじめ、

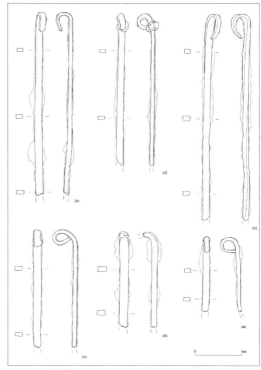

図 32　鉤状鉄製品（前原 2015）

　①綿貫観音山古墳（群馬県高崎市）
　　6 世紀第 3 四半期の 98m の前方後円墳。4 点出土。
　②八幡観音塚古墳（群馬県高崎市）
　　6 世紀末から 7 世紀初頭の 105m の前方後円墳。3 点出土。
　③藤ノ木古墳（奈良県斑鳩町）
　　6 世紀第 3 四半期の 40m の大型円墳。4 点出土。
　④甲山古墳（滋賀県野洲市）
　　6 世紀第 2 四半期ないし中葉の 30m を超える大型円墳である。5 点出土。
　⑤城山第 1 号古墳（千葉県小見川町）
　　6 世紀後半の 68m の前方後円墳。2 点出土。
　韓国の古墳では、
　⑥固城松鶴洞古墳群 1B 号墳 1 号石室（慶尚南道固城郡）
　　6 世紀初頭の築造が推定され、6 点が出土。
　⑦武寧王陵（忠清南道公州市）

523 年に亡くなり 525 年に埋葬された百済王墓。径 20m の円墳。28 点
出土。
　⑧宋山里 1 号墳（忠清南道公州市）
　戦前の調査で漆喰塗りのドーム状の横穴式石室から 11 点出土。
　さらに形状の異なる鉤状の金具を有する古墳が高句麗と加耶地域に顕著に存
在するようである。また、中国吉林省集安にある高句麗墳墓も同様の鉤状の金
具が多数存在しており、紀元後から 5 世紀まで存在するようである。鉤状鉄製
品の出自については今後の研究に委ねる部分が多いが、日本と韓国の鉤状鉄製
品を見た場合に 6 世紀初頭のグループと 6 世紀中葉から末葉ないし 7 世紀初頭
までのグループに 2 区分される。
　6 世紀初頭に採用されるのは前二子古墳と、慶尚南道に存在する松鶴洞 1B-
号墳 1 号石室である。松鶴洞 1B- 号墳 1 号石室は 3 基の円墳が連結した古墳で、
たくさんの埋葬の施設がある。1B- 号墳 1 号石室は横穴式石室で長方形の玄室
に、細長い羨道の平面の形態を持ち、断面でも玄室の天井の部分と羨道の天井
の部分の高さが一致し、構造的に前二子古墳の石室と一致している。この 2 つ
の石室に鉤状鉄製品が採用されるのは、偶然とは考えることができない。また、
鉤状鉄製品は国内では前二子古墳が最古とされるが、すでに加耶や高句麗で使
用されている製品をもとに製作されたものであろう。

4. 初期横穴式石室の検討

　5 世紀末から 6 世紀前半にかけて上毛野地域には大型横穴式石室が出現する
（図 33）。前方後円墳であり大型の両袖型石室の代表例として、
　①前二子古墳（全長 14m・幅 2.0m）
　②安中市簗瀬二子塚古墳（全長 11.5m・幅 2.3m）
　③前橋市正円寺古墳（全長 9.7m・幅 1.8m）
　④富岡市一ノ宮 4 号墳（全長 6.3m・幅 1.3m）
　⑤前橋市王山古墳（全長 16.4m・幅 1.6m）が挙げられる。
　それぞれ特徴的な形態と構造を示すが、石室の全長は王山古墳の 16.4m と最
大とし、石室幅は簗瀬二子塚古墳が 2.3m と最大とする。このうち、簗瀬二子
塚古墳や王山古墳、正円寺古墳では 2 段築成の基壇面に開口し、河原石が豊富
な河川の近接地に立地することから石室構築には河原石を多用する。それに比
べ前二子古墳は、河川から離れるため河原石とは異なる赤城山起源の流れ山か

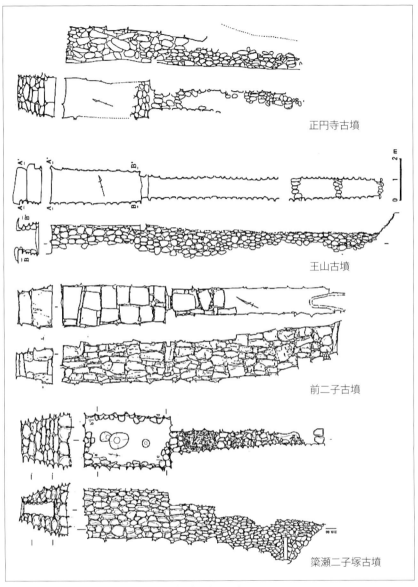

図 33　上毛野地域の初期横穴式石室 （小林 2014）

ら採掘された割石を多用する。また、石室開口位置も前二子古墳では 2 段築成
の基壇面ではなく地山面に石室を造るため、古墳築造工程が大きく異なってい
る。前二子古墳の場合は石室構築から墳丘構築の順をとるのに対して、簗瀬二
子塚古墳では墳丘構築から石室構築、墳丘構築といった順番である。

これらの石室は、基本的には両袖型石室であるが、前二子と王山の2つの横穴式石室には玄室と羨道の境に細長い棒状の梱石が配置される。正円寺も玄室の境よりも少し前面側に河原石を並べた梱石が認められる。また石室の上部が残っている前二子と正円寺の2つの石室天井部は、玄室から羨道はほとんど水平に天井石が架構されるが、羨道の入口部寄りが少しずつ低くなる。これは地形の傾斜による要因である。このように、初期横穴式石室には形態や構造に共通する部分が多く認められるが、古墳の築造年代は出土した土器から見ると簗瀬二子塚古墳から前二子古墳の順となる。横穴式石室の築造を起点にして、部分的な改変を加えながら、短期間の間に連続して造られた可能性が高いものである。ところが、前二子古墳の横穴式石室には、近接する王山古墳や正円寺古墳の石室には認められない特異な構造が存在する。一つは、羨道入口と玄室入

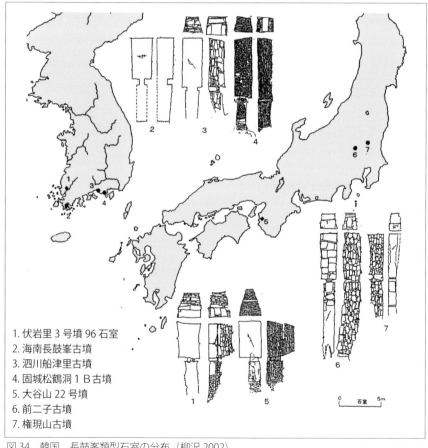

1. 伏岩里3号墳96石室
2. 海南長鼓峯古墳
3. 泗川船津里古墳
4. 固城松鶴洞1B古墳
5. 大谷山22号墳
6. 前二子古墳
7. 権現山古墳

図34　韓国、長鼓峯類型石室の分布（柳沢 2002）

口の2カ所の境に板状の石材を立てて配置し、玄室・羨道の側壁よりも内側に突出させる立柱石を設置する。立柱石の間の床面には梱石を置き、さらに立柱石と天井石との間に、細長い石材を梁状に左右の壁に架け渡して、玄室と羨道を区画する玄門を設ける。このような構造は九州北部地方に一般的に認められるものである。さらに、玄室と羨道の床面に丁寧に加工した大型の板石を並べて配置し、奥壁に沿って遺体を安置する屍床を造り出す。床面に大型石材を配置する工法はほかに例がないため比較しようがないが、石橋宏氏（2001）によれば凝灰岩加工の舟形石棺文化圏の影響も考えられるという。この屍床配置<ruby>屍床配置<rt>ししょうはいち</rt></ruby>と部分的な床石は九州中北部でしばしば見られる手法である。このように、前二子古墳の横穴式石室は九州北部との関連が強く認められるが、九州北部には例のない形態と構造がある。それは、玄室の前面に接続する幅が狭くて長い羨道である。前二子古墳が造られた6世紀初頭頃の九州北部に一般的な横穴式石室、玄室前面に狭長な羨道が接続することはない。前原（1993）で、前二子古墳の石室に北部九州や肥後地域に見られる石室との関連性には注意を払っていたが、細長い羨道や床石は存在しなかった。これを一転させたのが、柳沢一男氏（2002）による朝鮮半島南部に分布する倭系古墳の調査成果と前二子古墳石室の比較であった。

5. 朝鮮半島の倭系古墳の横穴式石室

　朝鮮半島で前方後円墳や倭系横穴式石室を構築した古墳は倭系古墳と呼ばれ、朝鮮半島南部の全羅南・北道と慶尚南道に分布する。前方後円墳は朝鮮半島南西部の全羅南道に13基、北道に1基が確認され、分布の中心域は栄山江とその支流、海南半島であるが、一部、蘆嶺山脈を越えた北部にも広がる。長鼓峯古墳の墳長が77mともっとも大きく、60m台が2基、50m台が2基、残る6基は30〜40m台と比較的小型のもので、墳丘規模、周堀・段築の有無や、埴輪・木製立物も存在する。これらの前方後円墳は、1991年から発掘調査が進められ、現在までに10基近くが発掘され、墳丘や周堀の形態や構造がかなり明らかになりつつある。墳丘構造が判明しているものは、すべて2段築成で上段斜面に葺石が施され、基壇に円筒埴輪列が巡る明化洞古墳や、石見型などの木製立物を伴うチャラボン古墳や月桂洞2号墳などもあり、日本列島の前方後円墳と共通した要素で構成される。これらの前方後円墳について調査の進展と資料の蓄積がすすんだ現在では、5世紀末頃から6世紀前葉までの限られた

期間に集中的に築造され、その後は途絶えてしまい、一過性のものであること
が判明してきた。

　倭系古墳の横穴式石室の分類は、柳沢一男氏（2002）によれば、以下の4つ
に大きく分類される。

> 第1…北部九州型グループ
> 第2…中部九州の肥後型的な横穴式石室
> 第3…北部九州型・肥後型といった典型的な九州系横穴式石室そのものでは
> 　　　ないが、立柱石・梱石の配置を伴う玄門構造を備えた九州的な横穴式
> 　　　石室グループ
> 第4…前二子古墳石室のグループ

　九州系の石室がストレートに構築された移植型のほか、北部九州型と肥後型
の合体形式や紀伊地域の横穴式石室をベースに朝鮮半島で発案された型式が生
み出されたため、多様な様相と解釈されている。この第4のグループには朝鮮
半島の海南長鼓峯古墳、泗川船津里古墳、固城松鶴洞1B号墳が挙げられ国内
では前二子古墳、宇都宮市権現山古墳が所属するという（図34）。

　これらの第4グループの特色は①長く狭い羨道を有する。②羽子板状の両袖
型石室を有する。③鉤状鉄製品を有する。④立柱石を有する。⑤内面が赤色塗
彩されるといった点である。しかし、平面プランは似るものの、前二子古墳で
は割石使用、1枚構成の凝灰岩製扉石、凝灰岩製の板石を持つことや固城松鶴
洞1B号墳は片岩石材使用などと多種多様といえる。北部九州型や肥後型の要
素を含みながら新しい要素の石室が朝鮮半島南端で発生し拡散したとも考えら
れる。

　しかし、日本国内では今のところ前二子古墳と宇都宮市権現山古墳例しかな
く特別な存在といえよう。遠く離れた地点に同時期に石室が出現する背景には、
5世紀から6世紀に至る高句麗・百済・新羅の三国ならびに加耶諸勢力間の複
雑な抗争関係と、海峡を挟んだ倭との複雑な国際関係が関係するものといえる。
また、漢城百済が滅亡した475年以降の百済の動き、5世紀前葉から勢力を拡
大し積極的に対外交渉を展開する大加耶勢力、西方への勢力の拡張を目論む新
羅の関係は、たえず和合と敵対を繰り返した。百済と隣接する大加耶勢力は、
倭王権との関係を維持しながら互いに牽制し合う関係にあった。特に、熊津に
遷都した百済は勢力を回復するために、南の全羅南道一帯と蟾津江流域一帯を
領有化しようと倭王権に働きかけたと指摘されている。全羅南道や慶尚南道南
岸域に出現した前方後円墳や倭系横穴式石室古墳は、九州勢力をはじめとする
日本各地の有力勢力がこの地域に派遣されたことを物語っていよう。

上毛野地域の出現期横穴式石室を採用した簗瀬二子塚古墳の副葬品には、大加耶系の装身具や馬具、百済系の装身具のほか、倭製の捩り環頭大刀（<ruby>捩<rt>ねじ</rt></ruby>り<ruby>環頭大刀<rt>かんとうたち</rt></ruby>）があるが、前二子古墳にも捩り環頭大刀が含まれている。上毛野地域からは捩り環頭大刀が 8 基の古墳から出土している。

　高松雅文氏（2015）によれば、継体王権を象徴する威信財として広帯二山式冠（<ruby>広帯二山式冠<rt>ひろおびにざんしきかんむり</rt></ruby>）と捩り環頭大刀が重視されると指摘されている。また、双葉剣菱形杏葉の分布も継体王の出身や関連地域と関係を持つ若狭地方に多く分布する。このように前二子古墳の出土品には 6 世紀初頭から前半の新式の副葬品をいち早く入手し、朝鮮半島との往来も見え隠れする。おそらく 6 世紀前半、上毛野地域の有力勢力は継体王の要請を受けて加耶・百済に渡海したことが考えられ、新しい情報や多くの品物、優秀な朝鮮半島の人材を連れ帰ったことも考えることができよう。その構成メンバーの中に前二子古墳の関係者が含まれていたことも想像に難くない。

3　中二子古墳　― 赤城山南麓の王者 ―

1. 大室古墳群最大の古墳

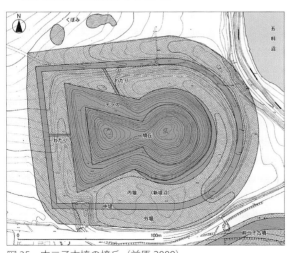

図 35　中二子古墳の墳丘（前原 2009）

　中二子古墳は前二子古墳に続く 6 世紀前半に構築された前方後円墳である。墳丘長 111 m を誇り、二重の周堀を巡らせた雄大な古墳である。2 段に造られた墳丘には全体に葺石が施されており、完成した景観は見事であったと想像できる。外堀と内堀には工事や儀式の際に通るための陸橋である渡り状施設を持つ。石室は未発見であるが、横穴式石室であることは間違いない。前二子古墳と同様に地山面から構築したものと想定できる。明治時代に石室探索を行った痕跡が残

されていた。また、1993・1994年の調査では電磁波反射法探査（地下レーダー探査）を用いながら調査を進めたが、石室の検出には至っていない。

墳丘をおおう葺石はどこから？

大室古墳群の中でも、墳丘の全面に葺石が使用されるのは中二子古墳だけである。中二子古墳より前に造られた前二子古墳は、墳丘の上部にしか葺石が使用されていない。後に造られた後二子古墳や小二子古墳では、まったく葺石を使っていない。

中二子古墳に使用された葺石は、「流れ山」から採掘された安山岩の割石である。大型の安山岩は石室に使用され、その

図36　割石を使用した中二子古墳の葺石（前橋市教育委員会）

際に生ずる割石が葺石に利用された。前二子古墳には河川から運んだ河原石も使われているが、中二子古墳では河原石の使用はごくわずかであった（図36）。

初期横穴式石室を持つ古墳として、簗瀬二子山古墳や王山古墳、正円寺古墳、一ノ宮4号墳が挙げられる。これらはいずれも石室や葺石に河原石を使用している。一般的に河原石の方が形状、大きさがそろえやすいと思われる。しかし、石材の扱いをこなす技術を持つ熟練集団であれば割石の扱いは、さほど困難ではないと思われる。

2. 古墳を警護する盾持人埴輪

中堤の内外縁、下段平坦面、墳頂部には埴輪が並び、その数は3000本と推定される。そのうち、形象埴輪の分布状態は非常に偏っている。盾持人埴輪は、外堀のほぼ南側を中心に樹立されており、ここ以外からは出土してない。南側

図 37　南側の中堤に再現された埴輪列

のトレンチからは、どこでも盾持人埴輪の片鱗が姿を見せている。このことから盾持人埴輪は、2ｍよりやや間隔をおいて1個体ずつ中堤外縁に設置されたものと考えられる。おそらく円筒埴輪列に組み込まれていたか、もしくは円筒埴輪列からやや離れて設置されたことが推定される。

器財埴輪のうち、靱（ゆき）・鞆（とも）・大刀の一部・翳形埴輪の出土状態を見ると、これらは後円部墳頂から崩落したものと考えられる。

また、人物埴輪群と大刀形埴輪は後円部南側の中堤上に樹立されていたことが推定される。この場所には、須恵器高杯形器台の破片も出土したことから埴輪と須恵器の一群が別区として配置されていた可能性が高い。

　このほか、中堤の南半には古墳を警護する盾持人埴輪が配置され（図37）、ていた。このことからこの古墳は、南側から眺められるように造られたと考えられる。また、中堤の葺石も古墳を南から眺めた場合に、目に映る部分に限って施工されていた。すなわち、南側の中堤の内側には葺石は認められず、南から見える北側には葺石が積まれる。前方後円墳という名前からは、前方部が正面と思いがちであるが、古墳造営に当たり古墳が雄大に見える南側を正面として意識し造成したものといえる。

人面付円筒埴輪

　人面が付いた円筒埴輪が、前方部の北側から出土した。そのほとんどが北の内堀に崩落していたが、わずかながら中堤の円筒埴輪列に同じ破片が残されていた。この人面付円筒埴輪は中堤に並ぶ埴輪列の中にあったものである。この

埋輪は、ほかの円筒埴輪と比べると小形だが、中二子古墳のほかの円筒埴輪と同様に、5条突帯6段構成の円筒埴輪である。

埴輪の顔は、目から上を大きく欠損しているが、残っている部分の上部にナデ痕が認められた。同じようなナデ痕のあるものからす

図38　中二子古墳の人面付円筒埴輪（前橋市教育委員会）

ると、このナデ痕は口縁を平らにするナデ付けと考えられ、この人面は口縁最上段に付けられたものと思われる。目と口は切り抜きでつくられ、鼻は粘土の貼り付け、顔の輪郭は、刻んだ線で表現している。向かって右側の頬に目から斜め下方に三条の線刻、左側にも横方向に四条、斜めに2条の線刻が入る。頬の入れ墨を表現したのだろう（図38）。

人面のある円筒埴輪は、北関東地方でいくつか似たものが発見されている（図39,40）。この中で、線刻による入れ墨が表現されるものは1の下郷天神塚古墳と3の中二子古墳、8の伊勢崎市出土品、10の行基平山頂古墳が挙げられる。時代的には下郷天神塚古墳例が5世紀初頭と古く、それ以外は6世紀初頭もしくは前半である。人面の入れ墨は、弥生時代における香川県仙遊遺跡の石棺絵画や愛知県亀塚遺跡の壺形土器に顕著に表現される。設楽博己氏（1995）によれば弥生文化の東海・四国地方の線刻人面の系譜を引く入れ墨表現が、円筒埴輪の線刻人面にまで継続表現されるといわれる。したがって、弥生時代の系譜をひく入れ墨は、北関東において下郷天神塚古墳を介在にして古墳時代後期まで表現されることが考えられる。

このように、人面付円筒埴輪には線刻により入れ墨を表現するという弥生以来の系譜を認めることができる一方、人物埴輪の入れ墨表現は、頬や顎に赤色塗彩などを用いている。おそらく、行基平山頂古墳の人面付円筒埴輪に見られる赤彩による入れ墨表現は形象埴輪の表現手法が用いられたものと思われる。

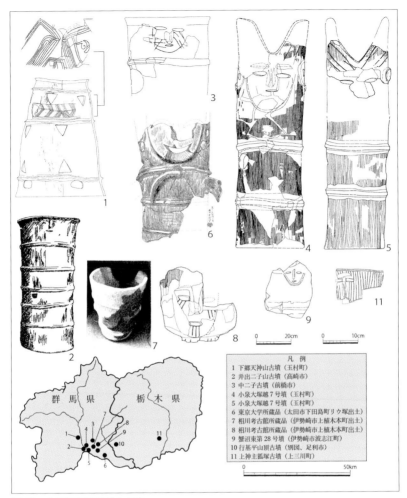

図 39　人面付円筒埴輪と分布

凡例
1　下郷天神山古墳（玉村町）
2　井出二子山古墳（高崎市）
3　中二子古墳（前橋市）
4　小泉大塚越7号墳（玉村町）
5　小泉大塚越7号墳（玉村町）
6　東京大学所蔵品（太田市下田島町リウ塚出土）
7　相川考古館所蔵品（伊勢崎市上植木本町出土）
8　相川考古館所蔵品（伊勢崎市上植木本町出土）
9　蟹沼東28号墳（伊勢崎市波志江町）
10　行基平山頂古墳（別図、足利市）
11　上神主狐塚古墳（上三川町）

No.	古墳名	時期	入れ墨	貼付表現	切込表現	縁刻表現	その他
1	下郷天神塚古墳	5世紀初	線刻	―	―	目・口・髭	器台埴輪
2	井出二子山古墳	5世紀後	―	鼻	目・口	―	
3	中二子古墳	6世紀前	線刻	鼻	目・口	輪郭	
4	小泉大塚越7号古墳	6世紀前〜中	―	輪郭・鼻・耳	目・口	―	被り物
5	小泉大塚越7号古墳	6世紀前〜中	―	輪郭・鼻・耳	目・口	―	被り物
6	東京大学所蔵品	―	―	輪郭・鼻・耳	目・口	―	鎌？・腕？
7	相川考古館所蔵品	―	―	輪郭・鼻・耳	目・口	―	被り物
8	相川考古館所蔵品	―	線刻	輪郭・鼻・耳	目・口	―	
9	蟹沼東第28号墳	6世紀中	―	―	目・口	輪郭・鼻	
10	行基平山頂古墳	6世紀初	線刻・赤彩	輪郭・鼻・耳・美豆良など	目・口	―	7個体
11	上神主狐塚古墳	6世紀前	―	鼻	目・口	―	

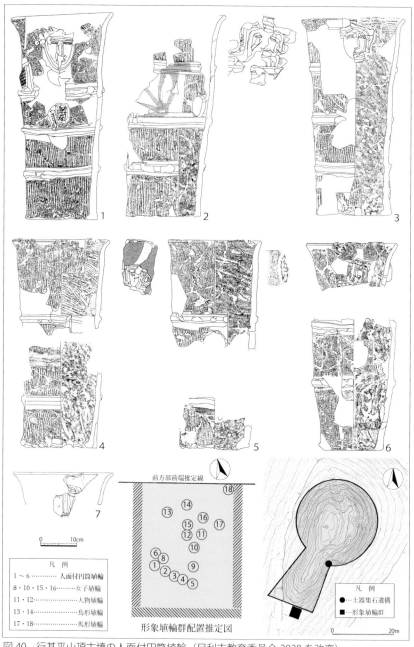

図40　行基平山頂古墳の人面付円筒埴輪（足利市教育委員会 2020 を改変）

凡　例
1〜6…………人面付円筒埴輪
8・10・15・16………女子埴輪
11・12………………人物埴輪
13・14………………鳥形埴輪
17・18………………馬形埴輪

前方部前端推定線

形象埴輪群配置推定図

凡　例
●…土器集石遺構
■…形象埴輪群

3. 藤岡と太田から運ばれた埴輪

　中二子古墳には、赤みを帯びた埴輪と白みを帯びた埴輪が存在する（図41）。赤みを帯びた埴輪には結晶片岩砂粒と海綿骨針化石を含むことから藤岡産埴輪であることが判明した。白みを帯びた埴輪には大間々扇状地由来とされるチャート砂粒を含有することから、太田産埴輪であることに想定されることとなった。

図41　白みを帯びた埴輪・赤みを帯びた埴輪（前橋市教育委員会）

藤岡産埴輪

　赤みを帯びた藤岡産の埴輪の特徴は、結晶片岩砂粒と海綿骨針化石の2種類の物質を含有することである。結晶片岩とは、日本列島の背骨ともいえる石材であり、関東山地から九州東部まで広く分布する。群馬県藤岡市の本郷埴輪窯跡や猿田埴輪窯から出土する埴輪には結晶片岩砂粒が入ることはすでに知られていたが、今回、中二子古墳の調査で藤岡産埴輪に海綿骨針化石が入ることを発見できた。従来から結晶片岩砂粒を認めれば、藤岡の埴輪窯で生産された可能性は高いものとされてきた。

　海綿骨針化石とは、海綿動物の体の中にある、100μm程度の珪質・石灰質・角質で、骨格を形成している骨片である（図42）。この骨片は海綿骨針と呼ばれ、その成分や形によってい

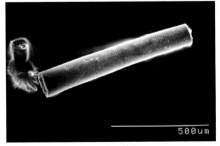

図42　埴輪に入る海綿骨針化石

ろいろな海綿動物に分類される。海綿骨針は、海綿動物の死後堆積物中に散らばり、堆積層の中に化石として含まれていることも多い。金子稔氏の研究によれば、海綿骨針化石は群馬県内では新第三紀層のうち富岡層群の吉井層（原市

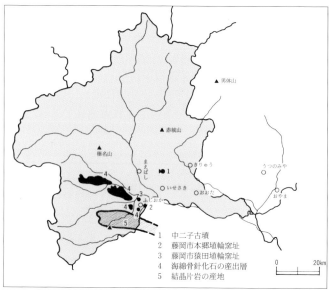

図43　海綿骨針化石と結晶片岩の産出地（前原1995）

1　中二子古墳
2　藤岡市本郷埴輪窯址
3　藤岡市猿田埴輪窯址
4　海綿骨針化石の産出層
5　結晶片岩の産地

0　　　　　20km

層）に含まれる。吉井層は、藤岡市―吉井町―富岡市―安中市―松井田町のライン状に細く分布しており、放散虫化石や海綿骨針化石が少なからず存在する（図43）。藤岡産化石や松井田産化石には珪酸が主成分として構成されているが、吉井産化石、富岡産化石、安中産化石は石灰が主成分を占めているという。

　中二子古墳の埴輪に含まれていた海綿骨針化石の成分分析の結果は、珪酸が主成分であったため、化石は藤岡産であることが判明した。

太田産埴輪

　もう一つの埴輪生産地である太田には八王子丘陵にある駒形神社埴輪窯、金山丘陵には須恵器窯とともに埴輪窯の存在が推定されている。特に白味を帯びた埴輪は、6世紀前半の塚廻り4号墳の埴輪などに多く見られる。おそらく埴輪の粘土と還元焼成に由来するものと思われる。この埴輪には、足尾山地由来のチャート砂粒が入る。チャート砂粒は渡良瀬川が形成した大間々扇状地に広く散布し、埴輪の混和材として利用されたものである。

埴輪の分類

　出土した埴輪を以下の基準で2種類に分類した。

　A群…藤岡産埴輪。赤褐色が基調、器肌にヌメリがあり、一部に還元焔焼成を受け青灰色の埴輪も存在する。海綿骨針化石と結晶片岩砂粒の両方

図44　形象埴輪（前橋市教育委員会）

　を含む。

　B群…推定太田産埴輪。白色や黄褐色の色調を持ち、ややザラついている。
　　　　チャート砂粒も時折見い出せる。

　パン箱150箱を超える出土したすべての埴輪片について分類を行った。
1993・94年の2カ年にわたる調査で出土した埴輪の総重量は1398kgである。
埴輪総重量1398kgの内訳は、A群408kg（約30％）、B群990kg（約70％）
である。円筒埴輪では、A群26％、B群74％である。しかし、形象埴輪では
A群97％、B群が3％となった（図44）。このように形象埴輪はほとんどが藤
岡の埴輪窯の製品で占められ、逆に円筒埴輪の多くは太田産の埴輪であった可
能性が高いものと思われる

4　後二子古墳　― 広い基壇面と半地下式石室 ―

1. 広い基壇面にのる上段墳丘

　後二子古墳は、前二子古墳、中二子古墳の築造後の6世紀中葉から後半に
かけて造られた前方後円墳である。後二子古墳の墳丘も前二子古墳、中二子

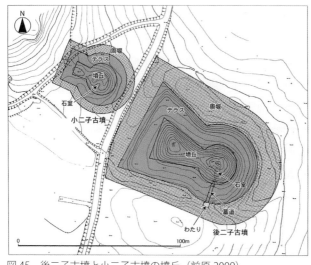

図45　後二子古墳と小二子古墳の墳丘（前原 2009）

古墳と同様に墳丘を東西に向けているが、やや南にふれた方向で造られている。墳丘長85m、前方部幅60m、後円部径48m、高さ111mである。墳丘1段目の基壇面と墳頂部には埴輪が並ぶことが推定され、その数は400本前後と思われる。後二子古墳の特徴は、広い基壇面（1段目テラス）に細い上段墳丘（2段目墳丘）が造られるということである。この1段目を低く、かつ幅広く造るために、石室も基壇面から造るのではなく、地面を掘り下げて石室を造るという半地下式構造となっている。この半地下式構造の石室に出入りするため、基壇に溝状の通路（墓道）を造り、周堀には陸橋（わたり）が設置される。

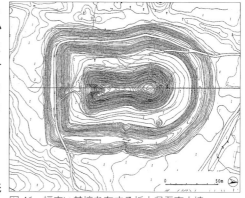

図46　幅広い基壇を有する栃木県吾妻古墳

北から見る古墳

　大室古墳群が築造される地形（図2）を観察すると等高線は南東方向に低くなっている。前二子古墳は標高126mの南東に張り出す平坦地形となる。中二子古墳は標高126〜129mの鞍部である。ここから後二子古墳が立地する地点までは130〜136mとやや傾斜地となるため、古墳造成の適地ではなかったと思われる。また、時期不詳であるが内堀3号墳（M-3号墳）（図2）が標高135mの北側平坦地の南端に造られていた可能性もある。いずれにしても、南の平坦地を2つの古墳が占有してしまっていたため、後二子古墳は北側のやや奥まった平坦地に造営された。後二子古墳が造られた丘陵は、北側が急

な傾斜となっているため、現地で後二子古墳を南側から眺めると、墳丘の高さをあまり感じることができない。しかし、北に回って、墳丘を眺望すると見事にイメージが変わり、南から眺める感じとは違い墳丘が高く雄大な姿が現れる。相乗効果を狙ってか、北側の円筒埴輪列は4条5段の大型円筒埴輪を樹立するのに比べ、南側の円筒埴輪には4条5段に混じって所々に2条3段構成の小型円筒埴輪が用いられている。前二子古墳や中二子古墳が南から眺望することを意図しているのに比べ、後二子古墳は北から見せるように造成したのであった。

広い基壇を有する墳丘

1991年（平成3）に後二子古墳の発掘調査をした際に、広い基壇面（1段目テラス）で盛土が極めて薄く上段墳丘が極端に小型化している省力構造の前方後円墳であると考察した。後二子古墳の基壇面の幅は9〜10mとかなり広く造られている。前二子古墳の基壇面が3〜4mであるのでそれの3倍であるし、中二子古墳の基壇面が5〜6mであるので2倍である。石室の構築も上段墳丘の小型化に伴って「半地下式」としている。前橋台地に見られる綿貫観音山古墳などでは基壇面に開口する石室であるが、赤城山南麓では斜面地形のため、地山面もしくは半地下式としている。ちなみに前二子古墳の石室は地山面に設置したものである。

幅の広い基壇面を有する古墳は隣接する栃木県の中央部に多数存在する。栃木県を代表する大型前方後円墳の下野市吾妻古墳を図46に掲載しておいた。吾妻古墳と後二子古墳は両県を代表する広い基壇の古墳である。ちなみに吾妻古墳の基壇幅は14〜16mである。

この吾妻古墳に代表されるように栃木県の広い基壇面を有する古墳は以下の特徴がある。①墳丘の第1段目として低く平らな広い「基壇」を有する。②石室を前方部側面や前端中央に持ち、後円部には石室等の内部主体を設けない。③凝灰岩切石を用いた横穴式石室であり、多くは玄室の各壁が1枚の切石を用いて構成されることなどが挙げられ、この3つの要素に当てはまるものは『下野型古墳』と呼んでいる。後二子古墳や小二子古墳は①はクリアできるが、②、③はクリアできない。幅広い基壇を有することは共通しても、ほかの条件は異なる。群馬県内でも後二子古墳や小二子古墳のほかに、太田市二ツ山1号墳やオクマンヤマ古墳、高崎市平塚古墳や観音塚古墳、前橋市金冠塚古墳なども広い基壇を有する。こういった古墳は両県を超えて、かなり広域に存在するものと思われる。

2. 半地下式の石室と墓道

広い基壇に伴う半地下構造の横穴式石室 （図 47・48）

　後二子古墳の石室も前二子古墳と同様に、1878 年（明治 11）の調査で開口している。前二子古墳に比べ、出土品は少なく、大刀や馬具、金銅製耳環、いくつかの土器が発見されたに過ぎない。外部からは周堀内の陸橋をわたり墓道を通って石室となる。石室は羨道と玄室で構成され、羨道部の床面には図示したように框石が付き、一段下がって玄室に至る。この両袖型石室の全長は 9 m である。玄室は奥壁で高さ 2.2 m、幅 2.7 m の巨大な石室で、平面形が羽子板のような両袖型となる。

　しかし、今回の調査では古墳の築造に際して、さまざまな工夫が採用されていたことが分かった。その一つが半地下式に造られた横穴式石室である。地中を掘って石室を低く造ることで、墳丘の盛土量を減らしているのである。また、半地下式石室に出入りする通路として、溝状の墓道や周堀の陸橋である。こういった半地下式の石室に入室するためには墓道や掘り込みが用いられる（図50）。例えば榛東村高塚古墳では石室に入る墓道の両側は石垣状に石積みされており、太田市二ツ山 1 号墳では長さ 4 m、幅 3 m の掘り込みを通って入室するようになっている。栃木県内の古墳でも、半地下構造の石室は多く見られる。具体例を挙げると下野市甲塚古墳、丸塚古墳、星の宮神社古墳、小山市飯塚 27 号、29 号、44 号墳、壬生町藤井 38 号墳などである。やはりこれらにも墓道や掘り込みが認められた。

3. 石室前での葬送儀礼

石室前の饗宴

　石室入口部の前面の基壇面から食物を煮炊きした焼土跡が墓道の西から 1 カ所、東から 2 カ所見つかった（図 49）。土師器類は 3 カ所のまとまりとなって存在していた。墓道の西のグループ①杯 2、鉢 1、墓道の東には、4 の甕、グループ②は 6 個の杯、グループ③は 11 個の杯が存在していた。このほかに、墓道から高杯 2 個体と甑 1 個体が分布していた。ほかに小刀 1 振がグループ②と③の間、鉄滓が墓道の両脇から 1 点ずつ出土している。

　一般に埋葬時に行われる儀礼行為については、文献史学から「ヨモツヘグイ」に関連した埋葬時に石室内で食物を供する儀礼や、「コトドワタシ」と呼ばれ

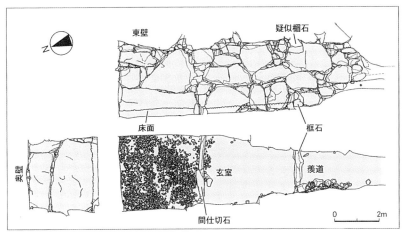

東壁　　　　　　　　疑似楣石

床面　　　　　　　　框石

奥壁

玄室　　　　羨道

間仕切石

0　　　　　2m

図47　後二子古墳の石室（前原 2009）

図48　奥から入口を望む後二子古墳の石室（前橋市教育委員会）

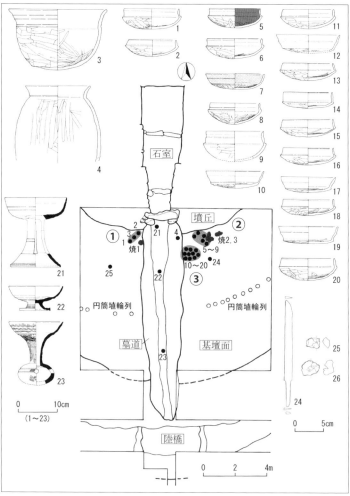

図49　石室前面出土の土器と配置（前橋市教育委員会）

る、石室の封鎖に際して死霊を石室内に封じ込める呪術儀礼などが推測されてきた。これらの行為との関連も十分に考えられるが、土器は供えたような状態で検出され、遺存状態が極めて良好であった。いずれにしても、葬送儀礼のいずれかの段階において、石室の前で煮炊きが行われ、調理した食物を供献した結果といえよう。

図 50　石室前面の調査状況（南から・前橋市教育委員会）

　ここで出土した鉄滓 2 点には製鉄炉の壁土が付着していた。そのことから、製鉄の際に生じた鉄滓であることが判明した。ところで、県内の最古の製鉄炉が操業するのは 7 世紀半ばである。後二子古墳の築造から 100 年後のことである。県内最古とされる製鉄炉は、後二子古墳から北 900 mの粕川町深津の三ヶ尻西遺跡に存在することは、偶然の結果ではない。三ヶ尻西遺跡の存在は、西日本の技術あるいは技術者集団の招致できる権力者の統治下にあったことから操業されたことが想定される。その統率者が大室古墳群の末裔であった可能性も捨てきれない。

4. 親子猿埴輪と四天王寺の馬形埴輪

猿と犬の像がついた埴輪

　後二子古墳は前二子古墳や中二子古墳に比べて、埴輪列を簡単に探し当てることができる。それは基壇面が広いため、墳丘上部からの崩落土少なく埴輪列がほとんど埋まっていないので、浅いところにあり簡単に掘り出すことができる。このため、不幸にも多数の埴輪が持ち去られた跡が調査で見つかった。

　この猿と犬の付いた円筒埴輪（図 51）の下半分は掘り出され持ち去られていた。しかし、小像は早いうちに割れ落ちたために残された。掘り盗まれた埴輪の周辺を丁寧に掘り進めたところ、猿と犬が近接して出土した。一緒に出土した円筒埴輪の上部に手と足の痕跡があり、親猿が付いた。猿の背中に子猿も付

いた。犬の尾に埴輪の突帯の痕跡が残っていたため、猿を追いかける犬であったことが判明した。農作物に被害を加える猿を吠えて威嚇する番犬を表現したものであり、形象埴輪にはない情景描写された貴重な出土品といえる。

伝群馬県出土の馬形埴輪

大阪市の四天王寺の宝物館に展示されている伝群馬県出土の「盛装した人が乗る飾り馬」の埴輪（図52）が気になっていた。後二子古墳の前方部から出土した馬形埴輪に付く剣菱形杏葉の破片が、写真で見る四天王寺の宝物館の馬のものとよく似ていたのである。

1995年（平成7）3月に四天王寺を訪問し、後二子古墳から出土した埴輪の剣菱形杏葉と四天王寺の馬に付けられた破片を比べてみたところ、うり二つであった（図53）。この剣菱形杏葉が出土した調査区も荒らされた跡があった。もしかしたら人が乗る埴輪は、2個体あったかもしれない。いずれにしても後二子古墳の破片と四天王寺の馬形埴輪はそっくりであったため、同じ工人によって製作された埴輪であったことの確信を得ることができた。その後、市民ボランティアの皆さんが複製品を2体作り上げた。複製品は、大室公園の赤城型民家と大室はにわ館で見学可能である。

図51　親子サルとイヌが付いた円筒埴輪（前橋市教育委員会）

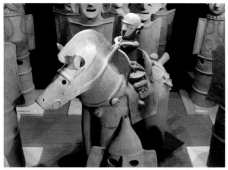

図52　市民ボランティアによって復元された四天王寺の馬形埴輪（赤城型民家ウマヤに展示）

図53　馬形埴輪の比較（左 後二子古墳　右 四天王寺宝物館）

5 小二子古墳 ―墳丘を飾る埴輪群―

1.「オバQ」型の小型前方後円墳

進む墳丘の省力化

小二子古墳は小規模ながら墳丘長 38m を測る段築成の前方後円墳である。墳丘の造り方は後二子古墳と同じように広い基壇面を有する。また後二子古墳より一層、省力化が進んだ古墳といえる。

後円部に比べ、あまり土を盛らない低い前方部と、地山を削り出しわずかな盛り土で基壇面を形成している。基壇面の幅は 7m と広い。石室も後二子古墳と同じように半地下式にして、墳丘を低く抑え、構築の土量を減らしている。

テラス面には、80 〜 90 本に近い円筒埴輪列、墳頂部には形象埴輪群が樹立する。形象埴輪は 2 群構成となり、前方部でも後円部寄りには人物を中心にした配列、後円部に器財群を中心にした配列である（図 54）。

図 54　史跡整備された小二子古墳（南西から・前橋市教育委員会）

小二子古墳と同じ形の古墳

6 世紀後半を過ぎると、こういった広い基壇を持つ省力化が進んだ古墳が周辺地域で目立つ存在となる。そこで同時期と思われる 6 世紀後半の古墳で形態が類似するものを探索した結果、以下の通りとなった（図 55）。

この中で、前方部上段墳丘の存在が調査で判明しているものは、1の小二子古墳、3の地蔵塚古墳、6の鏡手塚古墳である。2の内堀1号墳、4の西原F－1号墳、5の月田二子塚古墳、4の前方部上段墳丘は報告書をもとに図面操作で復元し、8の下佐野遺跡・7区3号古墳は葺石の根石から復元した。分布図を見たところ、赤城南麓の前橋市東部、粕川村、赤堀町の粕川流域に集中することが判明し、赤城山南麓に多く分布する地域色をもった古墳であるため『赤

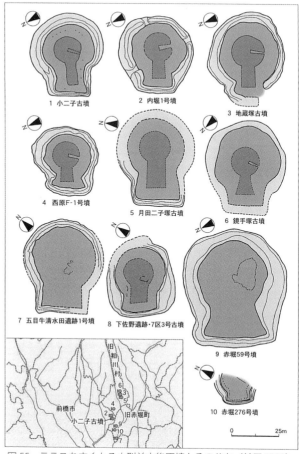

図55　テラスを広くとる小型前方後円墳とその分布（前原 2009）

No.	所在地	名称	墳丘長	形象埴輪位置	石室
1	前橋市西大室町	小二子古墳	38 m	頂上部	袖無形石室
2	前橋市西大室町	内堀1号墳	35 m	頂上部	－
3	前橋市粕川町	地蔵塚古墳	44 m	頂上部	－
4	前橋市粕川町	西原F－1号墳	30 m	頂上部	袖無形石室
5	前橋市粕川町	月田二子塚古墳	45 m	－	－
6	前橋市粕川町	鏡手塚古墳	44 m	頂上部	袖無形石室
7	伊勢崎市赤堀町	五目牛清水田遺跡1号墳	43 m	－	袖無形石室
8	高崎市下佐野町	下佐野遺跡7区3号墳	35 m	－	片袖形石室
9	伊勢崎市赤堀町	片田古墳群赤堀59号墳	53 m	－	袖無形石室
10	伊勢崎市赤堀町	峯岸山赤堀276号墳	24 m	－	－

城山南麓型古墳』と仮に呼んでおきたい。また、後二子古墳の章で解説したように栃木県や茨城県でも通称「オバQ」型の古墳が存在するため、その視点で追いかけると地域を超えた広がりが解明されることも考えられる。

2. 土器を使った墓前祭祀

袖無形横穴式石室

　明治時代に、石室の天井部から大きな穴を開けて石が抜き取られていたため、石室の主要な部分は破壊されていた。しかし、部分的に残された床面や壁石の抜き取られた痕跡から、石室の平面規模は復元できた。また、天井を被覆した粘土層が確認できたため、石室の高さも復元可能となった。その結果、全長6ｍ、奥壁幅1.8ｍ、高さ1.8ｍの北西に主軸を持つ袖無形横穴式石室であることが判明した。なお、石室入口部は破壊の難を逃れ、古墳を閉鎖したときの閉塞状態がよく保たれていた（図56）。

　小二子古墳は小形の前方後円墳であるが、石室石材に大型石材を用い、均一な玉石を厚く敷き、閉塞部には石積みの痕に丁寧な粘土被覆がなされていた。

図56　石を抜き取られた小二子古墳の石室（南から・前橋市教育委員会）

大型石材を使用することや半地下式構造等を採用している点で後二子古墳と共通性を持っている。

石室の出土遺物

石室が著しい損壊を受けていたため、出土遺物については、ほとんど期待できなかったが、大刀3点、ガラス製小玉14点、刀子1点、鉄鏃10数点、弓金具9点、須恵器提瓶1個体が出土した。また、石室前面からは、土師器杯形土器8個体、須恵器提瓶1個体といった6世紀後半の特徴を有するものであった。

後二子古墳の調査でも石室前面部から土師器杯18個体と鉢や大甕が一括で出土している。さらに内堀1号墳からも、石室前面部より土師器杯7個体が一括出土している（図57）。

小二子古墳では後二子古墳と同じように、石室両側から焼土の痕跡を検出している。内堀1号墳では痕跡こそ見つからなかったが、同じような焼土があった可能性が高い。

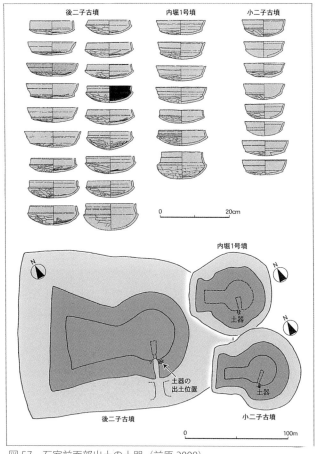

図57　石室前面部出土の土器（前原2009）

3. 墳丘に再現された形象埴輪群

形象埴輪の配列復元

　小二子古墳については、墳丘の残り方がよくなかったため、築造時の状況を復元し展示する資料を得る目的で発掘調査を行った。

　調査の結果、後円墳頂部は石の抜き取りのため墳丘が崩されており、埴輪配列も壊滅的な被害を受けていた。しかし、前方墳頂部には形象埴輪や円筒埴輪の基部、テラス面にも円筒埴輪の基部が残っていたため、埴輪の樹立位置を解明できた。

　このほか、多くの種類の形象埴輪片や円筒埴輪片が墳丘斜面や周堀内に流出した状態で出土した。すべてその位置や高さを記録にとどめ、1点1点ずつ取り上げていった。そのデータをもとに埴輪を接合し、樹立された位置や形象埴輪の種類、またある程度の個体数の算出が可能となった。

　前方墳頂部では、北側の縁辺部から円筒埴輪3個体が一直線にほぼ1m間隔で設置され、その南には人物埴輪や馬の基部が設置されていた。このほか、墳頂からずり落ちた形で埴輪片が検出された。分類の結果、人物（8個体）・馬（2個体）・盾（3個体）・靫（4個体）・鞆（2個体）・靫（8個体）・大刀（8個体）・家（1個体）の8種類36個体が検出された。

　なお、各破片の個体識別作業と、出土位置を原図から拾い出してマーキングする作業を綿密に行った。その結果、ほぼ設置位置を頂点として、扇形に拡が

図58　墳頂部に復元された埴輪群（西南西から）

る形の流出状況が想定されることが明らかになった。

　このように流失状況を確認する綿密な作業を経て、図58のような埴輪配列ができたのである。人物や器財埴輪に関して、まだすべての破片を分類しきっていないため、こののち多少の増加が予想される。現段階では確実に位置の分かっている埴輪の設置にとどめている。

あとがき

　大室公園整備に伴う大室古墳群の発掘調査は、1991年から1996年までの6年間にわたって実施された。大型前方後円墳3基の調査担当という機会が与えられて緊張したことを今も覚えている。その成果をもとに古墳の整備が実施され、現在、来園者は快適に古墳を見学できるようになった。

　しかし、古墳整備という野外展示は整備されたが、出土品を公開したり、古墳情報を発信したり、体験学習を提供する資料館の建設はいまだ滞っている。これを少しでも補足する目的で2015年から2018年の4年間にわたって「大室古墳の教室」を実施し、小さいながらも民家園の土蔵を改造し手作りの『大室はにわ館』を開館した。

　ところで、2020年4月1日から6月30日まで3カ月間、群馬デスティネーションキャンペーンが繰り広げられ、全国から多くの観光客を迎える予定であった。その目玉の一つが「古墳王国ぐんま」であった。女優の吉永小百合さんを起用した大人の休日倶楽部「古墳王国群馬編」が2月から3月にかけて連日、テレビCMで放映された。撮影の舞台となった前橋市大室公園の前二子古墳や中二子古墳などをはじめとして県内の古墳には連日、賑わいをみせた。新型コロナウイルス感染拡大の影響がなければ、大室古墳群の前二子古墳石室も全国から見学者で長蛇の列が続き、大室はにわ館も見学者を収容しきれない状況が続き、資料館建設の起爆剤となったことを思うのは筆者だけであろうか。

　今回の前橋学ブックレットを執筆するのにあたって、従来、見ていなかった視点から大室古墳群を掘り下げようとした。

　その一つとして古墳の立地である。県内の主要大型古墳は大河川の沿岸が多い。それは石材確保や石材運搬において有利であったからといえる。大河川が存在しない赤城山南麓の台地中央部に大室古墳群は立地している。その

答えは、赤城山の山体崩壊に伴う梨木岩屑なだれで形成された流れ山に由来する。流れ山の表層には、古墳造りの材料に好適な安山岩巨礫が包蔵されている。流れ山の石材は、大室古墳群のみならず 700 基を数える古墳の造成にも役立てられた。

　また、流れ山は石材を提供しただけではなかった。それは、櫃石や産泰神社、七ツ石雷電神社、石山観音で知られる巨岩である。これらで祭祀遺跡が発見されるものは櫃石と西大室丸山遺跡の 2 カ所であるが、残りの地点でも祭祀遺跡の可能性は極めて高いことが想定される。流れ山は頂上から、ご神体としての赤城山を望むことができ、磐座として利用された。これらの祭祀もおそらく大室古墳群の豪族が司っていたものと考えられる。

　次に大室古墳群の東に連なる多田山丘陵とは、赤堀茶臼山古墳や多田山古墳群 69 号竪穴などと深い関係で結ばれていたことも判明した。1929 年に帝室博物館によって調査された赤堀茶臼山古墳は、1995 〜 1997 年の追加調査によって前方部は大きく前面に伸長した。その結果、墳形は帆立貝形古墳から前方後円墳となった。5 世紀半ばに築造された赤堀茶臼山古墳の平面形が何世代か隔たった前二子古墳に採用されるのは偶然ではない。さらに、多田山古墳群 69 号竪穴と呼ばれた特殊な遺構の時期は 5 世紀末から 6 世紀初頭とされ、前二子古墳や梅木遺跡の年代と符合する。出土遺物にも土器のほか、盾隅金具や鉤状鉄製品といった前二子古墳の出土品と共通するものの存在や、遺構の検出状況からも殯屋として使用が肯定されよう。さらに後二子古墳から何世代か後の多田山古墳群 12 号墳では、8 世紀後半に唐三彩陶枕という貴重な中国産陶磁器を用いた追善供養が営まれた。唐三彩の出土は、古墳の被葬者一族がヤマト王権と強いつながりを持っていたことを示す証である。

　このように、赤城山南麓最南端に所在するお富士山古墳の長持形石棺を端緒とし、赤堀茶臼山古墳の形象埴輪群、前二子古墳の横穴式石室や朝鮮半島由来の数々の副葬品、多田山古墳群 12 号墳の唐三彩などヤマト王権と密接な関係なくして語れないものである。流れ山と多田山丘陵は、勢多郡と佐位郡の境界付近に位置し、赤城山南麓と大室古墳群を理解するための重要なキーワードとなるものである。

〈参考文献〉

足利市教育委員会　2018『行基平山頂古墳』

池野正雄　2014「筒形器台の分類と編年」『中華文明の考古学』同成社

石橋　宏　2009「井出二子山古墳出土石棺の系譜とその意義」『山麓の開発王　井出二子山古墳の世界』かみつけの里博物館

伊藤雅文　2013「馬具」『若狭と越の古墳時代』雄山閣

入江文敏　2008「若狭・越地域における古墳時代の実相」『古墳時代の実像』吉川弘文館

内山敏行　2018「前二子古墳の馬具をめぐって」『大室古墳の教室　講座の記録3』前橋市教育委員会

金子　稔　1995「海綿骨針化石とその産出地」『中二子古墳』前橋市教育委員会

楠元哲夫　1985「大和における盾形埴輪の系譜」『岩室池古墳、平等坊・岩室遺跡』天理市教育委員会・奈良県立橿原考古学研究所

群馬県　1978『前二子古墳』群馬県史資料編　第3巻

群馬県教育委員会　2017『群馬県古墳総覧』

群馬県埋蔵文化財調査事業団　2004『多田山古墳群』

後藤守一　1933『上野国佐波郡赤堀村今井茶臼山古墳』帝室博物館

小林孝秀　2014『横穴式石室と東国社会の原像』雄山閣

斉藤忠編著　1979『日本考古学史資料集成2明治時代1』斉藤忠考古学研究所

澤口　宏　2013「桐生・伊勢崎・前橋周辺の流れ山」『良好な自然環境を有する地域 学術調査報告書（38）』群馬県

設楽博己　1995「中二子古墳出土の人面線刻埴輪によせて」『中二子古墳』前橋市教育委員会

白石太一郎ほか　1984「群馬県お冨士山古墳所在の長持形石棺」国立歴史民俗博物館研究報告第3集

杉山秀宏　2016「櫃石と巨石祭祀」『大室古墳の教室　講座の記録2』前橋市教育委員会

鈴木雅朗・倉品敦子・中田英史編　2005『大室古墳群保存整備報告書』前橋市教育委員会

高松雅文　2010「継体大王の時代を読み解く」『継体大王の時代　百舌鳥・古市古墳群の終焉と新時代の幕開け』大阪府近つ飛鳥博物館

外池　昇　1997『幕末・明治期の陵墓』吉川弘文館

東亜大学校博物館　2005『固城松鶴洞古墳群』

奈良国立博物館　2004『黄金の国・新羅―王陵の至宝―』

新山保和　2008「前二子古墳の石見型埴輪」『群馬県内の器財埴輪Ⅱ』群馬県古墳時代研究会

深澤敦仁　2007「「喪屋」の可能性をもつ竪穴」『考古学に学ぶ』Ⅲ　同志社大学考古学シリーズ刊行会

深澤敦仁　2016「前二子古墳と多田山古墳群のもがり屋」『大室古墳の教室　講座の記録1』前橋市教育委員会

藤野一之　2016「藤岡でつくられた前二子古墳の須恵器」『大室古墳の教室　講座の記録1』前橋市教育委員会

前原　豊　2009『東国大豪族の威勢・大室古墳群』新泉社

前原　豊・杉山秀宏編　2014『東アジアから見た前二子古墳―記録集・資料集―』群馬県文化振興課

前原　豊　2019「赤城山南麓における終末期古墳」ぐんま地域文化第52号　群馬地域文化振興会

前橋市教育委員会　1993『前二子古墳』・1995『中二子古墳』・1992『後二子古墳・小二子古墳』・1997『小二子古墳』

右島和夫　2011「横穴式石室の鉤状鉄製品」古文化談叢第65集

右島和夫　2018「簗瀬二子塚古墳の基礎調査とその成果」『簗瀬二子塚古墳整備事業報告書』安中市教育委員会

柳沢一男　2001「全南地方の栄山江型横穴式石室の系譜と前方後円墳」『朝鮮学報』　第179輯

柳沢一男　2002「日本における横穴式石室の受容を一側面～長鼓峯類型石室をめぐって～」『清渓史学』16・17合輯

横浜開港資料館　2001『図説アーネスト・サトウ』有隣堂

和田一之輔　2006「石見型埴輪の分布」『考古学研究』60-3

和田一之輔　2015「石見型埴輪の東国波及と上番」『利根川37』利根川同人会

和田一之輔　2018「前二子古墳から見つかった杖形埴輪の謎」『大室古墳の教室　講座の記録4』前橋市教育委員会

〈写真提供〉

　前橋市教育委員会・伊勢崎市教育委員会

〈図版作製協力〉

　舩津弘幸・寺内勝彦

前原　豊／まえはら・ゆたか

1953年　前橋市生まれ
　　　　國學院大學☆考古学専攻。前橋市教育委員会文化財保護課、藤岡市教育委員会文化財保護課、群馬県教育委員会文化財保護課などに勤務

2014年　前橋市役所を定年退職

現　在　前橋市教育委員会文化財保護課に勤務。日本考古学協会埋蔵文化財保護対策委員会委員・県立歴史博物館友の会運営委員・伊勢崎市女堀調査整備委員会委員

著　書　『東国大豪族の威勢・大室古墳群』新泉社 2009年
　　　　『群馬の古墳を歩く』みやま文庫 2010年
　　　　『東アジアから見た前二子古墳―記録集・資料集―』2014年　ほか

創刊の辞

　前橋に市制が敷かれたのは、明治25年（1892）4月1日のことでした。群馬県で最初、関東地方では東京市、横浜市、水戸市に次いで四番目でした。

　このように早く市制が敷かれたのも、前橋が群馬県の県庁所在地（県都）であった上に、明治以来の日本の基幹産業であった蚕糸業が発達し、我が国を代表する製糸都市であったからです。

　しかし、昭和20年8月5日の空襲では市街地の8割を焼失し、壊滅的な被害を受けました。けれども、市民の努力によりいち早く復興を成し遂げ、昭和の合併と工場誘致で高度成長期には飛躍的な躍進を遂げました。そして、平成の合併では大胡町・宮城村・粕川村・富士見村が合併し、大前橋が誕生しました。

　近現代史の変化の激しさは、ナショナリズム（民族主義）と戦争、インダストリアリズム（工業主義）、デモクラシー（民主主義）の進展と衝突、拮抗によるものと言われています。その波は前橋にも及び、市街地は戦禍と復興、郊外は工業団地、住宅団地などの造成や土地改良事業などで、昔からの景観や生活様式は一変したといえるでしょう。

　21世紀を生きる私たちは、前橋市の歴史をどれほど知っているでしょうか。誇れる先人、素晴らしい自然、埋もれた歴史のすべてを後世に語り継ぐため、前橋学ブックレットを創刊します。

　ブックレットは研究者や専門家だけでなく、市民自らが調査・発掘した成果を発表する場とし、前橋市にふさわしい哲学を構築したいと思います。

　前橋学ブックレットの編纂は、前橋の発展を図ろうとする文化運動です。地域づくりとブックレットの編纂が両輪となって、魅力ある前橋を創造していくことを願っています。

前橋市長　山本　龍

前橋学ブックレット ㉔

| 赤城南麓の覇者が眠る大室古墳群 |

発 行 日／ 2020 年 12 月 10 日 初版第 1 刷

企　　　画／前橋学ブックレット編集委員会

〒 371-8601　前橋市大手町 2-12-9　tel 027-898-6994

著　　　者／前原　豊

発　　　行／上毛新聞社デジタルビジネス局出版部

〒 371-8666　前橋市古市町 1-50-21　tel 027-254-9966

ISBN 978-4-86352-272-5

ブックデザイン／寺澤　徹（寺澤事務所・工房）

各号　定価：本体 600 円＋税